AF484464

가든다이어리 | Vol.1

내 마음의 정원

마더가든

내 마음의 정원 Garden Diary Vol. 1

발행일 2026년 4월 23일
지은이 허정아
발행처 마더가든 프레스
ISBN 979-8-9950681-0-5

가든 다이어리는 총 6권으로 구성된 소그룹 교재 시리즈입니다.

First Edition: February 2026
Published by Mother Garden Press
**Printed in the United States of America

마더가든: 당신을 향한 초대

"모든 여성은 하나님의 정원이며,
생명을 피워내는 지혜로운 가드너입니다."

하나님의 은혜로 시작된 이 여정에 여러분을 초대합니다.
마더가든은 모든 세대의 여성들이 말씀 안에서 함께 자라고
서로를 격려하며 신앙 안에서 회복되는 자리입니다.

하나님 안에서 우리는 먼저 하나님이 가꾸시는
그분의 정원임을 기억합니다.
그분은 우리 안에 생명과 가능성을 심으시고
은혜로 가정과 이웃을 돌보는 가드너로 부르셨습니다.

정원이 매일의 손길을 필요로 하듯
우리의 신앙과 삶에도 꾸준한 돌봄이 필요합니다.
마더가든은 서로를 품고 말씀의 씨앗에 함께 물을 주는 공동체입니다.

우리 각자는 하나님의 정원이며 함께 모일 때 더 아름다운 숲을 이룹니다.
나를 돌보고, 가정을 세우며, 그리스도의 사랑을 삶으로 전하는
마더가든의 부르심에 기쁨으로 동참하시길 바랍니다.

하나님이 보시기에 가장 아름다운 정원으로 가꾸어질
여러분의 삶을 기대하며 축복합니다.

이 책의 활용 방법

본 가든 다이어리는 여성들의 영적 성숙과 공동체의 건강한 성장을 돕기 위해 다양한 방식으로 활용될 수 있도록 기획되었습니다.

하나님께서 허락하신 각자의 정원을 말씀과 기도로 돌보는 여정 가운데 본 교재의 활용 방법을 다음과 같이 안내드립니다.

1. 여성선교회 및 여집사회 모임을 위한 공식 교재

본 다이어리는 교회 내 모든 여성 성도가 함께하는 **여성선교회 기도회 및 정기 모임을 위한 공식 교재**입니다. 말씀 묵상과 기도, 나눔 중심의 구성을 통해 직분자부터 새 가족까지 공동체 안에서 하나의 신앙 고백으로 연합하고 성장하도록 돕습니다.

2. 다양한 규모와 세대를 아우르는 소그룹 교재

두 사람의 친밀한 만남부터 연령별·관심사별 소모임까지, 규모에 상관없이 마음을 나누는 실제적인 가이드가 되어줍니다. 세대를 아우르는 주제별 묵상을 통해 서로의 신앙을 격려하며, 삶의 현장에서 피어나는 생생한 간증을 나누는 **유연한 소통을 이끌어주는 최적의 소그룹 교재**입니다.

3. 지식보다 마음을 채우는 '묵상 다이어리'

본 다이어리는 정답을 찾아내는 성경 공부 교재나 매일의 분량을 채워야 하는 학습서가 아닙니다. 매주 하나의 주요 성경 구절에 깊이 머물며 내 삶의 정원을 비추어 보는 **'기록형 묵상 가이드'**입니다. 성경 지식을 쌓는 것을 넘어 말씀이 내 삶의 고백이 되고 그 은혜를 공동체와 풍성히 나누도록 돕는 영적 소통의 도구입니다.

4. 개인 경건 생활을 위한 묵상집

본 교재는 소그룹 참여가 어려운 분들을 포함하여 모든 여성이 일상 속에서 말씀을 묵상하고 기록할 수 있도록 돕는 **개인 경건 생활을 위한 묵상집**으로 활용할 수 있습니다. '정원 돌봄일지'에 기도의 숨결을 기록하고, 매일 나에게 비추인 '은혜의 햇살'로 삶을 감사로 채우며, '뿌리 내리기'를 통해 흔들리지 않는 영적 성숙의 여정으로 나아가도록 이끌어 줍니다.

5. 교회 내 가드너 양성 프로그램 교재

본 다이어리는 교회의 구체적인 영적 상황과 필요에 따라 자유롭게 선택하여 활용할 수 있는 **가드너 양성 프로그램의 공식 교재**입니다. 총 6권의 시리즈는 각각 독립된 주제를 심도 있게 다루고 있어, 특정 순서에 얽매이지 않고 공동체의 우선순위에 맞춰 필요한 볼륨을 즉시 운영할 수 있습니다. 10주간의 여정을 통해 단계별 리더십을 훈련하며, 다음 세대에 신앙의 유산을 전수하는 단단한 가드너들을 세우는 데 기여합니다.

마더가든 여정 안내

마더가든의 여정은 신앙인의 삶에 꼭 필요한 여섯 가지 영적 테마를 정원으로 가꾸어가는 기록의 시간입니다. 여섯 개의 정원을 산책하며 자신의 신앙과 삶을 정성껏 담아내고, 서로의 삶을 나누며 함께 성장하는 동로가 되어 우리 정원 속에 일하시는 하나님의 흔적을 발견하도록 돕습니다.

마더가든 커리큘럼은 총 6권으로 구성되어 있습니다. 각 볼륨은 10주 과정으로 설계되어 있으며, 필요에 따라 하나의 볼륨만 선택하여 진행하거나 전체 과정을 순차적으로 운영할 수 있습니다. 공동체의 형편과 영적 속도에 맞춰 시기와 순서를 유연하게 조절하며 지속적인 성장의 여정을 이어가기에 최적화되어 있습니다.

Vol. 1 | 내 마음의 정원
[정체성, 치유와 회복]
말씀 안에서 나의 정체성을 다시 세우고
상처와 아픔을 하나님 앞에 내려놓으며 치유를 경험합니다.

Vol. 2 | 함께 가꾸는 정원
[가족, 부부됨과 부모됨]
부부 관계와 부모됨을 돌아보며
가정이라는 가장 가까운 자리에서 믿음과 사랑을 가꾸는 법을 배웁니다.

Vol. 3 | 곁을 내어주는 정원

[관계, 교제와 공동체]
성도 간의 교제와 세대 간 연합을 통해
함께 걷는 신앙의 기쁨과 책임을 배워갑니다.

Vol. 4 | 향기가 흐르는 정원

[기도, 언어와 성품]
기도의 깊이를 더하고, 일상의 습관과 성품을 점검하며
그리스도의 향기를 삶으로 흘려 보냅니다.

Vol. 5 | 빛을 품은 정원

[은사, 사명과 섬김]
하나님이 각 사람에게 주신 은사를 발견하고
시간과 물질을 다스리는 청지기로서 교회와 세상 속에서 섬김을 실천합니다.

Vol. 6 | 울타리 너머의 정원

[선교, 이웃사랑과 나눔]
이웃사랑과 신앙의 나눔을 통해
다음 세대와 세상 속으로 믿음의 유산을 전하는 삶을 배웁니다.

마더가든 정원 가꾸기 프로세스

매주 모임은 정원의 성장 순환을 닮은 4단계의 프로세스로 진행됩니다.

01

뿌리 내리기 Rooting 말씀과 나눔 | 50분

은혜의 햇살
하나님의 정원을 가꾸는 가드너에게
감사는 필수 요소 입니다. 주중에 내
마음정원을 비추었던 감사 제목들을
가드너 가족들과 나눕니다.

말씀 묵상
성경 본문을 깊이 있게 읽고, 전 세대
를 아우르는 질문과 묵상을 통해 내
삶 속에 말씀의 뿌리를 더욱 깊이 내
립니다.

04

온기 전하기 Sharing 손끝 선교 | 60분

손끝의 위로
뜨개질과 재봉, 음식 만들기 등 손을
사용하는 활동으로 사랑과 정성을
담은 선물을 만듭니다. 세상에서 가
장 포근한 위로를 담습니다.

울타리 너머의 사랑
정원의 따뜻한 온기를 이웃과 나눕
니다. 이 정성 어린 온기는 복음의 씨
앗이 되어 다시 새로운 정원을 일구
는 뿌리를 내립니다.

꽃 피우기 Blooming 기도와 훈련 | 20분

기도의 화원

매주 제안되는 기도 훈련을 통해 하나님과 더 깊이 소통합니다. 안내를 따라 개인과 공동체의 기도 생활이 균형 있게 자라가도록 돕습니다.

중보의 시간

가드너 가족들이 서로의 이름을 부르며 사랑과 믿음으로 올린 기도의 향기가 하늘에 닿기를 소망하는 은혜의 시간입니다.

열매 나누기 Harvesting 식사와 교제 | 50분

정원 식탁

비빔밥처럼 서로 다른 가든의 식재료들이 섞여 기쁨의 한 그릇이 되는 시간입니다. 함께일 때 비로소 완성되는 공동체의 식탁을 맛봅니다.

연합의 맛

함께 식사하며 삶의 열매를 나누고 공동체의 따뜻한 온기를 누립니다. 비빔밥, 포트럭, 티 타임 등 준비에 큰 부담이 없는 음식을 나눕니다.

말씀 안에서
나의 정체성을
다시 세우고

상처와 아픔을
하나님 앞에
내려놓으며

치유를 경험하는
내 마음의 정원

가드너의 정원 일지

가드너 프로필

가드너 정보

가드너의 이름

정원을 가꾸기 시작한 날

열매를 기대하며 마치는 날

이번 계절에 내 마음정원에서 기대하는 열매

가드닝 전, 나의 마음 풍경

영적 햇살 | 지금 내 마음 정원의 밝기는

말씀의 수분 | 지금 내 영혼의 촉촉함은

마음의 토양 | 내 마음 밭의 부드러움은

마음가짐 | 가드너의 다짐

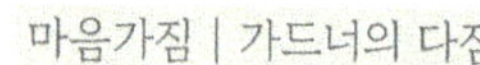

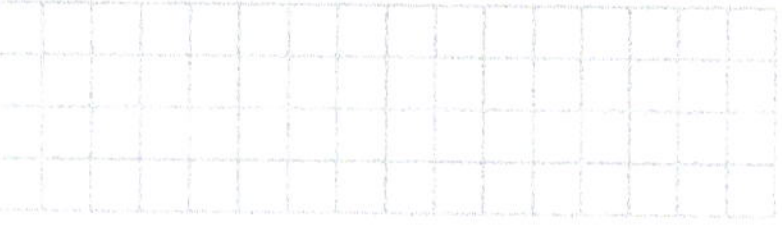

정원 돌봄 일지

사랑의 물주기: 중보기도와 섬김

이름 | 가꾸기 시작한 달 |

1	2	3	4	5	6	7	8	9	10	11	12	13	14	15
16	17	18	19	20	21	22	23	24	25	26	27	28	29	30	31

식물의 특징

이름 | 가꾸기 시작한 달 |

1	2	3	4	5	6	7	8	9	10	11	12	13	14	15
16	17	18	19	20	21	22	23	24	25	26	27	28	29	30	31

식물의 특징

이름 | 가꾸기 시작한 달 |

1	2	3	4	5	6	7	8	9	10	11	12	13	14	15
16	17	18	19	20	21	22	23	24	25	26	27	28	29	30	31

식물의 특징

기도가 필요한 소중한 분들의 이름을 적고, 사랑의 물을 주듯 돌봄의 시간을 기록하세요.

가드너의 약속

☐ **경청의 꽃 피우기**
세대와 형편을 넘어 서로의 이야기에 존중의 마음으로 귀를 기울이겠습니다.

☐ **매일의 감사 햇살 기록하기**
매일 '은혜의 햇살'을 기록하며 하나님이 일하시는 흔적을 놓치지 않겠습니다.

☐ **기도의 향기 이어가기**
모임 안에서 드린 기도의 향기를 한 주간의 일상 속에서도 이어 가며 하나님과의 대화를 멈추지 않겠습니다.

☐ **비밀의 울타리 치기**
가든 안에서 나눈 이야기는 정원 밖으로 나가지 않도록 소중히 지키겠습니다.

☐ **말씀을 삶 속에 심기**
함께 읽고 나눈 말씀을 삶 속에 적용하며 순종으로 믿음의 열매를 맺겠습니다.

☐ **사랑으로 연합하기**
서로의 다름을 존중하며 그리스도의 사랑 안에서 하나 됨을 배워 가겠습니다.

이 약속을 마음에 담고 10주간의 산책을 시작합니다.

제1주

하나님 안에서 발견하는 진정한 나

[성경 본문] 시편 139:1-18

"내가 주께 감사하옴은 나를 지으심이 심히 기묘하심이라 주께서 하시는 일이 기이함을 내 영혼이 잘 아나이다" (시편 139:14)

"내가 주께 감사하옴은 나를 지으심이
신묘막측하심이라" (시편 139:14)

살아가며 수많은 시선에 나를 맞추다 보면 때로 세상의 기준에 휘둘려 나 자신을 보잘것없게 여기기도 합니다. 진정한 나의 모습이 흐릿해질 때, 마더가든의 첫 여정은 시작됩니다. 나를 가장 잘 아시는 창조주 하나님의 눈으로 나를 다시 마주하는 치유의 시간입니다.

시편 139편을 써 내려가던 다윗은 전율했습니다. 아무도 모르는 깊은 고독 속에서도 자신을 온전히 아시는 하나님을 만났기 때문입니다. 그것은 결코 포기하지 않으시는 창조주의 완전한 사랑에 대한 안도감이었습니다.

그는 측량할 수 없는 그 신비 앞에서 이렇게 노래합니다.
"나를 지으심이 신묘막측하심이라!"

마음 정원에 때로 잡초와 쓴 뿌리가 돋아날지라도 신실한 가드너이신 하나님은 직접 손에 흙을 묻히며 우리를 가꾸어 가십니다. 하나님 안에서 발견하는 나는 완벽한 존재가 아니라 그분의 사랑 안에서 완성되는 '하나님의 걸작품'입니다.

가든 다이어리는 정답을 찾는 교재가 아닙니다. 하나님의 나를 향한 기이한 일을 발견하며 '당신만의 이야기'를 써 내려가는 공간입니다.

서툰 진심 한 줄도 하나님께는 가장 귀한 이야기가 됩니다.

이제 그분의 시선 끝에서 진정한 나를 발견하는 산책을 시작해 볼까요?

은혜의 햇살

"햇살이
꽃을 피우듯
감사는
우리 마음 정원을
아름답게
가꿉니다."

한 주간
삶의 자리마다
비추었던
하나님의 은혜를
차곡차곡
담아보세요.

가장 소중한
감사 한 송이를
[뿌리 내리기]
시간에
나눕니다.

햇살이 머문 날 .   .

햇살이 머문 날 .   .

햇살이 머문 날 .   .

햇살이 머문 날 .   .

햇살이 머문 날 .   .

01 ·······• ROOTING

뿌리 내리기

말씀의 토양에
믿음의 뿌리를 내리는
시간입니다.

성경 본문을
깊이 있게 읽고
질문과 묵상을 통해
내 삶 속에
말씀의 뿌리를
더욱 깊이 내립니다.

• 마음 열기

다 함께 찬미가 168장
'주 예수 내가 알기 전'
또는 복음성가
'나의 모습 나의 소유'를 부른 뒤
마음을 모아 기도로 시작합니다.

• 은혜의 햇살 나누기

지난 한 주간 받은 '은혜의 햇살' 중
가장 기억에 남는
감사 제목 한 가지를 선택해
가드너 가족들과
함께 나눕니다.

• 말씀에 머무르기

오늘의 본문
시편 139편 1~18절 말씀을
다 같이 한 목소리로
천천히 읽거나 또는
두 그룹으로 나누어 교독합니다.

깊이 뿌리 내리기

주제 성구를 생각하며
다음 질문들을 통해 자신의 삶을
돌아보고 느낀 점을 나누어 봅니
다.

1 묵상

나를 살피시는 하나님의 시선

시편 기자는 하나님께서 나의 앉고 일어섬, 나의 모든 길과 생각을 다 아신다고 고백합니다. 세상은 나의 겉모습(학력, 재산, 외모)을 보며 점수를 매기지만, 하나님은 내 존재의 깊은 곳까지 사랑으로 살피십니다. 주님이 나를 이토록 세밀하게 아신다는 사실이 가드너님께는 어떤 위로가 되나요? 세상의 잣대가 아닌 주님의 시선 안에서 누리는 평안을 묵상해 봅시다.

2 나눔

기묘하게 지음 받은 나의 가치

"나를 지으심이 심히 기묘하심이라"(14절)는 고백은, 내가 무언가를 잘해서가 아니라 주님이 나를 위해 전부(예수님의 생명)를 지불하실 만큼 가치 있게 지으셨음을 뜻합니다. 세상의 기준으로는 '부족하다'고 여겼던 내 모습(성격, 외모, 지나온 여정 등) 중, 사실은 주님이 피 값으로 사신 '가장 소중한 부분'임을 새롭게 깨닫게 된 곳은 어디인가요? 함께 나누어 봅시다.

뿌리 내리기

• **깊이 뿌리 내리기**
주제 성구를 생각하며
다음 질문들을 통해 자신의 삶을
돌아보고 느낀 점을 나누어 봅니
다.

3 적용

존귀한 가드너의 삶

하나님은 우리가 태어나기도 전부터 우리를 향한 보배로운 계획을 가지고 계셨습니다(17절). 나의 가치는 내가 가진 가방이나 학력이나 부가 아니라 나를 위해 죽으신 '예수님의 가치'와 같음을 기억하세요. 이 놀라운 사실을 믿으며 이번 한 주간 나 자신을 대하는 태도를 어떻게 바꾸고 싶나요?

말씀의 토양 Word's Foundation

가든 다이어리는 지식을 채우는 공부가 아니라, 말씀을 거울삼아 가드너님의 이야기를 써 내려가는 '나만의 정원'입니다. 세 개의 질문을 따라 내 마음의 구석구석을 발견하고 영혼의 뿌리를 단단히 내려 보세요.

특히 이번 주는 나를 '기묘하게 지으신' 창조주를 넘어, 나를 '피 값으로 사신' 구속주의 사랑을 묵상해 보세요. 예수님의 생명값이 곧 나의 가치임을 기억할 때, 십자가의 사랑으로 나를 바라보는 눈이 열립니다. 당신의 정원은 이제 가장 눈부신 회복을 시작할 것입니다.

꽃 피우기

기도의 꽃이 피어나
하나님께 향기로운 제물로
올려지는 시간입니다.

매주 기도 훈련으로
하나님과 깊이 소통하며
균형 잡힌 기도 생활을
가꾸어 갑니다.

• 기도의 꽃 피우기

'하나님의 시선' 으로 나를 보기

1. 작은 손거울이나 핸드폰 카메라로 자신의 얼굴을 가만히 바라봅니다. 세상이 매긴 성적표나 외모의 기준을 잠시 내려놓고, 나를 바라보시는 하나님의 눈동자에 집중합니다.

2. 나를 위해 전부를 내어주신 예수님의 사랑을 묵상하며 소리 내어 고백합니다. "나는 예수님의 생명만큼 가치 있는 하나님의 걸작품입니다."

3. 옆 사람과 주님의 핏값으로 세워진 보배로운 정원임을 축복하며 서로를 위해 기도합니다.

기도의 화원 Prayer Garden

매주 제안되는 다양한 기도 활동은 형식적인 기도를 넘어 깊은 묵상에서 피어나 우리 영혼의 근력을 튼튼하게 합니다. 산책의 끝에서 '나의 묵상 정원'에 들러 조용히 기도문을 읽어 보세요. 하나님께서 내 정원에 들려주신 세밀한 음성을 기록하며 영적으로 갈무리합니다.

열매 나누기

각자의 재료가 모여
풍성한 식탁을 이루는
연합의 시간입니다.

함께 식사하며
삶의 열매를 나누고
공동체의
따뜻한 온기를 누립니다.

• 풍성한 열매 나누기

정원 식탁

마더가든의 식탁은 각자의 정원에서 정성껏 준비해 온 '가든 재료'들이 하나로 어우러지는 연합의 자리입니다.

신선한 채소들이 모여 풍성한 비빔밥과 샌드위치가 되듯, 각자의 삶이 담긴 작은 재료가 모일 때 우리만의 특별한 정원 식탁이 완성됩니다.

각자 맡은 가든 재료를 준비해 오세요. 이번 주에 맺은 영적 열매들을 식탁으로 모을때 우리의 식탁은 더욱 풍성해집니다.

식탁의 교제 The Fellowship Table

각자의 정성이 담긴 재료를 모아 하나로 담아내거나, 한 가드너가 정성껏 준비한 환대의 자리를 나누며 연합의 기쁨을 누려보세요. 비빔밥 식탁부터 따뜻한 티타임까지, 공동체의 상황에 맞는 자유로운 나눔이 우리를 그리스도 안에서 한 가족으로 묶어줍니다. 핵심은 '함께 나누는 기쁨' 입니다.

온기 전하기

정원에서 맺은
열매와 온기를
이웃에게 전합니다.

정성 어린 손길로
세상에서 가장
포근한 위로를
빚습니다.

손끝으로 전하는 사랑

이 주의 활동 |

함께 손을 움직이며 사랑을 나누는 시간입니다. 손끝으로 전하는 작은 정성은 누군가의 삶에 따뜻한 위로가 되고 생명의 씨앗이 됩니다.

완성된 결과물은 교회 안의 어르신과 아이들, 환우, 지역사회와 먼 나라 이웃에게 전달되어 복음의 사랑을 전합니다.

활동을 마친 후에는 결과물을 모으고 위로받을 이웃을 위해 함께 기도로 마무리합니다.

손끝 선교 Handcrafted Heart

작은 정성으로 이웃에게 따뜻한 온기를 전해 보세요. 우리가 전한 이 온기는 누군가의 마음에 떨어져 다시 뿌리를 내리는 소중한 '생명의 씨앗'이 됩니다. 자유로운 분위기 속에서 모은 정성은 주님의 따뜻한 위로를 세상으로 흘려보내는 귀한 통로가 됩니다. 활동 상세 안내는 [부록1]을 참고해 주세요.

나의 묵상 정원

한 주간 내 정원을 돌보신 하나님의 세밀한 음성을 기록해 보세요.

가드너의 기도 Gardener's Prayer

나를 가장 잘 아시는 창조주 하나님, 세상의 기준에 휘둘려 나를 보잘것없게 여겼던 마음을 회개합니다. 하나님이 정성껏 빚으신 내 마음의 정원을 이제는 사랑으로 돌보게 하소서. 이번 10주간의 여정을 통해 내 영혼이 '하나님이 하시는 일의 기이함'을 온전히 깨닫는 치유의 시간이 되게 인도하여 주옵소서. 예수님의 이름으로 기도드립니다. 아멘.

제2주

마음의 잡초,
쓴 뿌리 제거하기

[성경 본문] 히브리서 12:14-15

"모든 사람과 더불어 화평함과 거룩
함을 따르라 이것이 없이는 아무도
주를 보지 못하리라 너희는 하나님
의 은혜에 이르지 못하는 자가 없도
록 하고 또 쓴 뿌리가 나서 괴롭게
하여 많은 사람이 이로 말미암아 더
럽게 되지 않게 하며"
(히브리서 12:14-15)

"너희는 하나님의 은혜에 이르지 못하는 자가 없도록 하고
또 쓴 뿌리가 나서 괴롭게 하여" (히브리서 12:15)

정성껏 가꾸는 정원에도 어느덧 불청객은 찾아옵니다. 나도 모르는 사이 마음 깊은 곳에 자리 잡은 미움과 상처, 비교와 열등감 같은 잡초들이 우리 영혼의 성장을 방해합니다.

마더가든의 두 번째 여정은 내 마음의 토양을 살피며 평안을 갉아먹는 '쓴 뿌리'를 대면하는 시간입니다.

히브리서 기자는 경고합니다. 작은 쓴 뿌리 하나가 나 자신을 괴롭게 할 뿐만 아니라, 곁에 있는 소중한 이들까지 아프게 하고 공동체를 병들게 할 수 있음을 말입니다.

그것은 우리를 향한 하나님의 풍성한 은혜를 가로막고 기쁨의 열매를 맺지 못하게 하는 영혼의 방해꾼입니다.

하지만 가드너이신 주님은 우리를 다그치지 않으십니다. 오히려 굳어버린 마음 밭을 부드럽게 일구시며 우리가 차마 꺼내 놓지 못한 아픔의 뿌리를 함께 보십니다. 주님의 손길 아래 잡초를 뽑아내고 쓴 뿌리를 제거할 때 우리 마음 정원에는 다시 치유와 회복의 싹이 돋아납니다.

가든 다이어리는 아픈 기억을 들춰내는 공간이 아닙니다. 주님의 은혜 안에서 내 안의 잡초를 하나씩 정리하며 진정한 화평함과 거룩함을 회복해 나가는 과정입니다. 정직한 고백 한 줄이 주님의 따스한 손길 아래 놓일 때 그곳은 하나님을 온전히 뵙는 거룩한 정원이 됩니다.

이제 우리 함께 마음의 쓴 뿌리를 비워내는 산책을 시작해 볼까요?

은혜의 햇살

"햇살이
꽃을 피우듯
감사는
우리 마음 정원을
아름답게
가꿉니다."

한 주간
삶의 자리마다
비추었던
하나님의 은혜를
차곡차곡
담아보세요.

가장 소중한
감사 한 송이를
[뿌리 내리기]
시간에
나눕니다.

햇살이 머문 날 　.　.

햇살이 머문 날 　.　.

햇살이 머문 날 　.　.

햇살이 머문 날 　.　.

햇살이 머문 날 　.　.

뿌리 내리기

말씀의 토양에
믿음의 뿌리를 내리는
시간입니다.

성경 본문을
깊이 있게 읽고
질문과 묵상을 통해
내 삶 속에
말씀의 뿌리를
더욱 깊이 내립니다.

1. 마음 열기

다 함께 찬미가 419장
'나 주의 도움 받고자'
또는 복음성가
'주님 다시 오실 때까지'를 부른 뒤
마음을 모아 기도로 시작합니다.

2. 은혜의 햇살 나누기

지난 한 주간 받은 '은혜의 햇살' 중
나를 '심히 기묘하게 지으신'
하나님의 시선이나
일상에서 발견한 감사의 조각들을
자유롭게 나눕니다.

3. 말씀에 머무르기

오늘의 본문
히브리서 12장 14~15절 말씀을
다 같이 한 목소리로 읽습니다.
'쓴 뿌리'라는 단어가
나의 마음에 어떤 울림을 주는지
집중하며 읽어 보세요.

● 깊이 뿌리 내리기

주제 성구를 생각하며
다음 질문들을 통해 자신의 삶을
돌아보고 느낀 점을 나누어 봅니
다.

1 묵상

내 정원의 방해꾼, '쓴 뿌리'

본문 15절은 '쓴 뿌리'가 나서 우리를 괴롭게 하고 많은 사람을 더럽게 한다고 경고합니다. 가드너님이 생각하기에 마음 정원에서 자라나는 '쓴 뿌리(과거의 상처, 미움, 비교의식, 열등감 등)'의 특징은 무엇인가요? (예: 보이지 않게 깊이 박혀 있음, 금방 다시 자라남 등)

2 나눔

내 안의 쓴 뿌리 발견

아름다운 정원에도 잡초가 자라듯, 우리 마음에도 예기치 못한 감정의 잡초가 자랍니다. 요즘 가드너님의 마음 정원을 어지럽히고 있는 잡초는 무엇인가요? 누구에게도 말하지 못하고 혼자 삭여왔던 '상처의 쓴 뿌리'가 있다면 이 안전한 소그룹 안에서 조심스럽게 나누어 봅시다.

뿌리 내리기

● **깊이 뿌리 내리기**
주제 성구를 생각하며
다음 질문들을 통해 자신의 삶을
돌아보고 느낀 점을 나누어 봅니
다.

3 적용

잡초 제거하기

잡초를 그대로 두면 꽃과 나무의 영양분을 빼앗아 정원을 황폐하게 만듭니다. 이번 한 주간, 내 안의 쓴 뿌리가 고개를 들 때(미운 마음이 들거나 상처가 올라올 때) 어떤 영적 도구(기도, 찬양, 선포 등)를 사용하여 그 잡초를 제거하시겠습니까? 구체적인 실천 방안을 적어보세요.

말씀의 토양 Word's Foundation

"너희 발을 위하여 곧은길을 만들어 저는 다리로 하여금 어그러지지 않고 고침을 받게 하라... 쓴 뿌리가 나서 괴롭게 하고 많은 사람이 이로 말미암아 더러움을 입을까 두려워하고" (히 12:12-15).

가드너님, 내버려 둔 쓴 뿌리는 나를 괴롭게 할 뿐만 아니라 곁에 있는 소중한 정원들까지 아프게 합니다. 이제 주님의 손을 잡고 피곤한 손과 연약한 무릎을 일으켜 세워보세요. 정직하게 질문 앞에 마주설 때, 주님은 어그러진 마음의 길을 곧게 펴시고 온전케 고쳐주실 것입니다.

꽃 피우기

기도의 꽃이 피어나
하나님께 향기로운 제물로
올려지는 시간입니다.

매주 기도 훈련으로
하나님과 깊이 소통하며
균형 잡힌 기도 생활을
가꾸어 갑니다.

• 기도의 꽃 피우기

'쓴 뿌리' 뽑기

1. 지금 내 마음을 괴롭히는 상처, 미움, 질투 등 깊이 박혀 있는 '쓴 뿌리'들을 다이어리 여백에 하나씩 적어봅니다.

2. 적어 내려간 제목들을 하나하나 주님 앞에 정직하게 아뢰며, 그 자리에 주님의 사랑과 치유가 임하기를 간절히 구합니다.

3. 기도를 마친 후, 굵은 선으로 'X' 표시를 하며, 이 상처와 죄악이 주님 안에서 온전히 떠나갔음을 믿음으로 선포합니다.

기도의 화원 Prayer Garden

기도는 우리 영혼의 잡초를 뽑아내고 그 자리에 하늘의 평화를 심는 거룩한 노동입니다. 내 마음을 어지럽히던 '쓴 뿌리'들을 정직하게 써내려가 보세요. 아픈 기억 위에 굵은 선으로 'X'를 그을 때, 그 상처는 더 이상 나를 괴롭히는 잡초가 아니라 주님의 보혈로 덮인 치유의 흔적이 됩니다. 기도의 산책 끝에서 주님이 속삭이시는 "내가 너를 고쳤노라" 하는 세밀한 음성을 가만히 기록하며 영혼을 갈무리해 보세요.

열매 나누기

각자의 재료가 모여
풍성한 식탁을 이루는
연합의 시간입니다.

함께 식사하며
삶의 열매를 나누고
공동체의
따뜻한 온기를 누립니다.

• 풍성한 열매 나누기

정원 식탁

마더가든의 식탁은 각자의 정원에서 길러낸 은혜의 재료들이 하나로 어우러지는 축복의 자리입니다.

보잘것없어 보이는 작은 재료들이 모여 풍성한 비빔밥과 근사한 샌드위치가 되듯, 가드너님들이 가져온 한 주간의 고백이 모일 때 우리만의 특별한 '정원 식탁'이 완성됩니다.

이번 주 내 마음 정원에서 거둔 영적 열매들을 식탁 위에 아낌없이 펼쳐보세요. 우리가 함께 나눌 때, 식탁은 비로소 생명의 잔치가 됩니다.

식탁의 교제 The Fellowship Table

각자의 정성이 담긴 재료를 모아 비빔밥을 비벼내거나, 한 가드너가 정성껏 준비한 환대의 자리에 초대받으며 연합의 깊은 기쁨을 누려보세요.
따뜻한 한 끼 식사부터 향긋한 티타임까지, 형식에 얽매이지 않는 자유로운 나눔이 우리를 그리스도 안에서 떼려야 뗄 수 없는 '한 가족'으로 묶어줍니다. 이 시간의 본질은 화려한 메뉴가 아니라, 서로의 존재를 기뻐하며 '함께 생명을 나누는 즐거움'에 있습니다.

온기 전하기

정원에서 맺은
열매와 온기를
이웃에게 전합니다.

정성 어린 손길로
세상에서 가장
포근한 위로를
빚습니다.

• 손끝으로 전하는 사랑

이 주의 활동 |

쓴 뿌리를 비워낸 가드너의 손길이 이제는 세상을 향한 따뜻한 위로가 됩니다. 정성껏 손을 움직여 사랑을 빚는 이 시간은, 누군가의 메마른 마음 밭에 주님의 생명을 심는 거룩한 '씨앗 뿌리기'입니다.

이 정성은 우리 이웃에게 전달되어 그리스도의 향기로 피어날 것입니다. 우리가 보낸 작은 씨앗이 누군가의 삶에서 귀한 열매 맺기를 함께 기도하며 마무리합니다.

손끝 선교 Handcrafted Heart

작은 정성으로 빚어낸 온기를 세상의 척박한 땅으로 흘려보내 보세요. 우리가 전한 이 따뜻한 온기는 누군가의 마음에 떨어져, 주님의 사랑을 다시 꽃 피우는 '생명의 씨앗'이 됩니다.

자유로운 분위기 속에서 정성을 모으는 이 시간은, 멈춰있던 사랑이 다시 흐르게 하고 끊어졌던 생명의 뿌리를 다시 내리게 하는 복음의 통로가 됩니다.

가드너님의 손끝에서 시작된 이 작은 기적이 이웃의 마음 정원을 다시 살릴 것입니다. 활동 상세 안내는 [부록1]을 참고해 주세요.

나의 묵상 정원

한 주간 내 정원을 돌보신 하나님의 세밀한 음성을 기록해 보세요.

가드너의 기도 Gardener's Prayer

마음의 주인이신 하나님, 내 정원에 나도 모르게 자라난 미움과 상처의 쓴 뿌리들을 주님 앞에 내어놓습니다. 잡초를 방치하여 내 영혼이 괴로워지고 주변 사람들을 아프게 했던 지난날을 용서하소서. 성령의 검으로 내 안의 쓴 뿌리를 끊어내 주시고, 그 자리에 주님의 평강과 화평의 꽃이 피어나게 하옵소서. 예수님 이름으로 기도합니다. 아멘.

제3주

고난의 계절을 지나는 하늘의 위로

[성경 본문] 이사야 43:1~7

"너는 두려워하지 말라 내가 너를 구속하였고 내가 너를 지명하여 불렀나니 너는 내 것이라 네가 물 가운데로 지날 때에 내가 너와 함께 할 것이라 강을 건널 때에 물이 너를 침몰하지 못할 것이며"
(이사야 43:1~2)

"네가 물 가운데로 지날 때에 내가 너와 함께 할 것이라
강을 건널 때에 물이 너를 침몰하지 못할 것이며" (이사야 43:2)

아름다운 정원에도 때로는 거센 비바람이 몰아치고 모든 성장이 멈춘 듯한 시린 겨울의 계절이 찾아오곤 합니다. 인생의 태풍 앞에 소중히 가꿔온 마음이 흔들릴 때면 우리는 마치 혼자인 듯한 깊은 두려움에 잠기기도 합니다.

마더가든의 세 번째 여정은 고난의 계절을 지나는 우리를 위해 예비하신 '하늘의 위로'를 발견하는 시간입니다.

하나님은 우리에게 폭풍우가 전혀 없을 것이라 약속하지 않으십니다. 대신, 그 거친 물결 속에서도 우리를 결코 침몰하게 두지 않으시고 불꽃 같은 시련 속에서도 타지 않게 지키겠다고 말씀하십니다. 그것은 우리가 당신의 소유된 '보배롭고 존귀한 자'이기에 어떤 상황에서도 우리 손을 놓지 않으시겠다는 가드너의 신실한 약속입니다.

혹독한 추위가 대지를 얼릴 때에도 가드너이신 주님은 우리 마음의 정원 둘레에 든든한 '하늘 울타리'를 치십니다. 세상의 냉정한 평가가 정원의 꽃들을 시들게 하려 할 때마다 주님은 "너는 내 것이라"는 친밀한 음성으로 우리를 깨우시며 지나가는 계절 뒤에 준비된 찬란한 봄을 소망하게 하십니다.

고난의 이유를 묻고 자책하기보다 비바람 속에서도 변함없는 하나님의 약속을 붙들며 주님의 음성에 귀를 기울입니다. 두려움 앞에 내뱉는 정직한 믿음의 고백 한 줄이 쌓일 때 우리 마음 정원은 어떤 시련에도 꺾이지 않는 단단한 뿌리를 내립니다.

이제 우리 가드너이신 주님과 함께 하늘의 위로가 머무는 정원 산책을 시작해 볼까요?

은혜의 햇살

"햇살이
꽃을 피우듯
감사는
우리 마음 정원을
아름답게
가꿉니다."

한 주간
삶의 자리마다
비추었던
하나님의 은혜를
차곡차곡
담아보세요.

마음의 쓴 뿌리를
주님께 내어드리며
구름 너머 여전히
빛나고 있었던
하나님의 은혜를
감사의 고백으로
채워봅니다.

햇살이 머문 날　　.　　.

햇살이 머문 날　　.　　.

햇살이 머문 날　　.　　.

햇살이 머문 날　　.　　.

햇살이 머문 날　　.　　.

뿌리 내리기

말씀의 토양에
믿음의 뿌리를 내리는
시간입니다.

성경 본문을
깊이 있게 읽고
질문과 묵상을 통해
내 삶 속에
말씀의 뿌리를
더욱 깊이 내립니다.

• 마음 열기

다 함께 찬미가 505장
'나의 갈 길 다 가도록'
또는 복음성가 '하나님의 은혜-나
를 지으신 이가 하나님'을 부른 뒤
마음을 모아 기도로 시작합니다.

• 은혜의 햇살 나누기

지난 한 주간 받은 '은혜의 햇살' 중
내 삶의 잡초를 뽑아 내시는
주님의 손길을 경험했거나
일상에서 발견한 감사의 조각들을
자유롭게 나눕니다.

• 말씀에 머무르기

오늘의 본문
이사야 43:1~7절 말씀을
다 같이 한 목소리로 읽습니다.
"너는 내 것이라"고 선포하시는
하나님의 음성에
귀를 기울여 보세요.

● 깊이 뿌리 내리기

주제 성구를 생각하며
다음 질문들을 통해 자신의 삶을
돌아보고 느낀 점을 나누어 봅니
다.

1 묵상

비바람 중에도 변함없는 약속

하나님께서는 우리가 물 가운데로 지날 때나 불 가운데로 행할 때, 어떤 약
속을 주시나요?(2절) 고난이 '없을 것'이라고 말씀하시기보다 그 고난 중에
'어떻게 하시겠다'고 말씀하시는지 찾아봅시다. 그 약속의 말씀이 지금 깊은
물결을 지나는 가드너님의 마음에 어떻게 다가오는지 머물러 보세요.

2 나눔

나를 부르시는 친밀한 음성

가드너님에게는 인생의 혹독한 겨울이나 태풍 같은 시기가 있었나요? 그때
세상의 냉정한 평가가 아닌, "내가 너를 지명하여 불렀나니 너는 내 것이
라"는 하나님의 음성이 어떻게 위로가 되었는지, 혹은 지금 위로가 필요한
상황은 무엇인지 나누어 봅시다.

뿌리 내리기

● **깊이 뿌리 내리기**
주제 성구를 생각하며
다음 질문들을 통해 자신의 삶을
돌아보고 느낀 점을 나누어 봅니
다.

3 적용

정원을 지키는 하늘 울타리

하나님은 우리를 '보배롭고 존귀하게' 여기시며 사랑하신다고 말씀하십니다 (4절). 이번 한 주간, 예상치 못한 어려움이 찾아올 때, 하나님의 소유된 자로서 어떤 믿음의 고백으로 내 마음의 정원을 지키시겠습니까?(예: 두려움이 올 때마다 "나는 하나님의 것이다"라고 3번 외치기)

말씀의 토양 Word's Foundation

"네가 물 가운데로 지날 때에 내가 너와 함께 할 것이라"(사 43:2).
가드너님, 거센 비바람이 정원을 휩쓸고 지나갈 때에도 주님은 우리를 결코 침몰하지 않게 하십니다. 고난의 이유를 묻기보다 신실한 약속을 붙들며 세 개의 질문 앞에 머물러 보세요. 두려움 대신 주님을 향한 정직한 고백이 쌓일 때, 우리 마음 정원은 어떤 시련에도 꺾이지 않는 단단한 뿌리를 내리게 될 것입니다.

꽃 피우기

기도의 꽃이 피어나
하나님께 향기로운 제물로
올려지는 시간입니다.

매주 기도 훈련으로
하나님과 깊이 소통하며
균형 잡힌 기도 생활을
가꾸어 갑니다.

• 기도의 꽃 피우기

지명하여 부르신 사랑

1. 서로의 온기를 느낄 수 있도록 짝을 지어 손을 잡고 편안하게 앉습니다.

2. 한 명씩 차례대로 오늘의 성구(이사야 43:1~2)를 나직하고 다정한 음성으로 읽어 줍니다. 상대방이 들려주는 말씀을 나를 향한 하나님의 직접적인 약속으로 받으며 마음 깊이 경청합니다.

3. 동료 가드너의 손을 맞잡은 상태로 우리를 지명하여 부르신 하나님의 음성에 감사하며 서로의 영혼 위에 주님의 평강이 머물기를 기도합니다.

기도의 화원 Prayer Garden

기도는 거친 풍랑 속에서도 나를 놓지 않으시는 주님의 품으로 파고드는 안식의 발걸음입니다. 세상의 소란에 잠시 귀를 닫고, "내가 너를 지명하여 불렀다. 너는 내 것이라" 말씀하시는 주님의 따스한 음성에 가만히 귀를 기울여 보세요. 비바람은 여전할지라도 주님 안에서 우리 영혼은 다시 꽃피울 힘을 얻습니다. 산책의 끝에 들려주신 주님의 위로의 음성을 기록하며, 폭풍우 속에서도 꺾이지 않는 소망의 향기로 정원을 채워보세요.

열매 나누기

각자의 재료가 모여
풍성한 식탁을 이루는
연합의 시간입니다.

함께 식사하며
삶의 열매를 나누고
공동체의
따뜻한 온기를 누립니다.

• 풍성한 열매 나누기

정원 식탁

마더가든의 식탁은 비바람 속에서도 서로를 붙들어준 고마운 가드너들이 모이는 안식의 자리입니다.

흩어져 있던 재료들이 어우러져 따뜻한 한 끼가 되듯, 고난의 계절을 견뎌낸 각자의 고백이 모일 때 우리만의 특별한 '위로의 식탁'이 완성됩니다.

준비해 오신 정성스러운 재료와 함께, 이번 주 하늘로부터 얻은 평안의 열매를 나누어 보세요. 우리가 함께할 때, 식탁은 폭풍우를 잊게 하는 포근한 울타리가 됩니다.

식탁의 교제 The Fellowship Table

각자의 정성이 담긴 재료를 모아 하나로 담아내거나, 한 가드너가 준비한 환대의 자리를 나누며 연합의 기쁨을 누려보세요.
따뜻한 차 한 잔, 정성 어린 식사가 주는 온기는 세상의 냉정한 평가로 시든 우리의 마음을 다시 일으켜 세웁니다. 이 시간의 본질은 화려한 메뉴가 아니라 서로의 아픔을 묵묵히 들어주며 '하늘의 위로를 나누는 기쁨'에 있습니다.

온기 전하기

정원에서 맺은
열매와 온기를
이웃에게 전합니다.

정성 어린 손길로
세상에서 가장
포근한 위로를
빚습니다.

● 손끝으로 전하는 사랑

이 주의 활동 |

하늘의 위로를 경험한 가드너의 손길은 이제 누군가를 다시 일으켜 세우는 희망의 도구가 됩니다. 비바람에 시든 마음을 어루만지듯 정성껏 사랑을 빚어 보세요.

우리가 준비한 작은 선물은 고난의 계절을 지나는 이웃에게 주님의 살아계신 온기를 전하는 따뜻한 등불이 될 것입니다. 활동 후에는 이 작은 정성이 누군가의 삶에 소망의 뿌리를 내리게 할 씨앗이 되길 마음 모아 기도하며 마무리합니다.

손끝 선교 Handcrafted Heart

하늘로부터 받은 위로의 온기를 우리 곁의 소중한 이웃들에게 전해 보세요. 가드너님이 전하는 이 온기는 차가워진 누군가의 마음 정원을 다시 따스하게 데우고, 생명의 뿌리를 내리게 하는 마중물이 됩니다.
멈추지 않고 흐르는 이 사랑의 온기가 세상을 더 아름다운 주님의 정원으로 만들어 갑니다. 우리의 작은 손길이 주님의 사랑을 세상으로 흘려보내는 가장 귀한 통로임을 기억하며 기쁨으로 동참해 보세요.

나의 묵상 정원

한 주간 내 정원을 돌보신 하나님의 세밀한 음성을 기록해 보세요.

가드너의 기도 Gardener's Prayer

나를 지명하여 부르신 가드너 하나님, 인생의 거친 파도와 뜨거운 불길 속에서도 우리를 홀로 두지 않으시고 '내 것이라' 말씀해 주시니 감사합니다. 고난이 길어 낙심할 때도 있지만, 우리를 보배롭고 존귀하게 여기시는 주님의 시선을 잊지 않게 하소서. 이번 한 주도 하늘의 위로를 힘입어 마음의 정원을 평안으로 가꾸게 하옵소서. 예수님의 이름으로 기도합니다. 아멘.

제4주

업적(Doing)보다 소중한 존재(Being)의 가치

[성경 본문] 에베소서 2:1~10

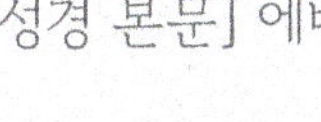

"우리는 그가 만드신 바라 그리스도 예수 안에서 선한 일을 위하여 지으심을 받은 자니 이 일은 하나님이 전에 예비하사 우리로 그 가운데서 행하게 하려 하심이니라"
(에베소서 2:10)

"우리는 그가 만드신 바라 그리스도 예수 안에서
선한 일을 위하여 지으심을 받은 자니" (에베소서 2:10)

정원의 꽃들은 자신이 얼마나 아름다운지 증명하려 애쓰지 않습니다. 그저 가드너의 손길 아래 뿌리를 내리고, 때가 되면 꽃을 피울 뿐입니다. 하지만 우리는 때때로 세상이 매긴 성적표와 차가운 성과들 앞에서 무언가 증명해내야만 가치 있는 존재가 된다는 강박에 시달리곤 합니다.

네 번째 여정은 무거운 '업적'의 짐을 내려놓고, 나의 '존재'를 기뻐하시는 주님의 품에 안기는 시간입니다.

사도 바울은 우리의 구원이 행위에서 난 것이 아니라고 선언합니다. 정원의 꽃이 스스로 노력해 피어야만 사랑받는다면 그 삶은 얼마나 고달플까요? 우리의 가치는 무엇을 해냈느냐가 아니라, 나를 만드신 분이 누구냐에 있습니다.

가드너이신 주님은 우리에게 완벽한 열매를 가져오라고 다그치지 않으십니다. 오히려 '은혜'라는 거름을 우리 삶의 토양에 넉넉히 부어주시며, 우리가 그 사랑 안에서 자유롭게 숨 쉬며 자라나기를 기다려 주십니다. 세상의 성적표가 나를 흔들 때마다, 나를 향한 하나님의 찬란한 평가는 변함없습니다.

가든 다이어리는 나의 부족함을 채우려 애쓰는 자리가 아닙니다. 하나님의 자녀라는 사실 하나만으로 충분히 행복해지는 공간입니다. 오늘 하루 아무것도 성취하지 못했어도, 여전히 나를 귀하게 여기시는 주님의 따스한 시선 아래 내 마음 정원을 놓아드려 보세요. 존재의 기쁨을 누리는 평온한 산책이 되길 소망합니다.

은혜의 햇살

"햇살이
꽃을 피우듯
감사는
우리 마음 정원을
아름답게
가꿉니다."

한 주간
삶의 자리마다
비추었던
하나님의 은혜를
차곡차곡
담아보세요.

고난 중에도 나를
'내 것이라'
불러주신 주님의
음성을 기억하며
하늘 위로의
조각들을
기록해 봅니다.

햇살이 머문 날　　.　　.

햇살이 머문 날　　.　　.

햇살이 머문 날　　.　　.

햇살이 머문 날　　.　　.

햇살이 머문 날　　.　　.

뿌리 내리기

말씀의 토양에
믿음의 뿌리를 내리는
시간입니다.

성경 본문을
깊이 있게 읽고
질문과 묵상을 통해
내 삶 속에
말씀의 뿌리를
더욱 깊이 내립니다.

• 마음 열기

다 함께 찬미가 431장
'주님의 뜻을 이루소서'
또는 복음성가 '하나님은 너를
만드시는 분'을 부른 뒤
마음을 모아 기도로 시작합니다.

• 은혜의 햇살 나누기

지난 한 주간 받은 '은혜의 햇살' 중
하나님의 '무조건적인 위로'나
일상에서 발견한 감사의 조각들을
자유롭게 나눕니다.

• 말씀에 머무르기

오늘의 본문
에베소서 2:1~10절 말씀을
다 같이 한 목소리로 읽습니다.
특히 8절과 10절 말씀을 읽을 때,
'선물'과 '만드신 바(작품)'라는 단
어를 깊이 묵상해 보세요.

- ## 깊이 뿌리 내리기
  주제 성구를 생각하며
  다음 질문들을 통해 자신의 삶을
  돌아보고 느낀 점을 나누어 봅니
  다.

행위가 아닌 은혜라는 거름

바울은 우리가 구원을 받은 것이 우리 자신의 행위(Doing)에서 난 것이 아니라고 강조합니다(8~9절). 만약 정원의 꽃이 스스로 노력해서 피어야만 사랑받는다면 그 정원은 얼마나 고달플까요? '은혜'라는 거름이 가드너님의 삶을 어떻게 자유케 하는지 생각해 봅시다.

세상의 성적표 vs 하나님의 작품

세상은 업적으로 가치를 매기지만, 하나님은 우리를 그분의 작품으로 사랑하십니다(10절). 나는 성과(Doing)로 나를 평가하나요, 아니면 존재 자체(Being)로 귀하게 여기나요? 성과로 자신을 평가하며 자존감이 흔들렸던 순간과 그때 나를 붙들어주신 말씀이 있다면 나누어 봅시다.

뿌리 내리기

• **깊이 뿌리 내리기**
주제 성구를 생각하며
다음 질문들을 통해 자신의 삶을
돌아보고 느낀 점을 나누어 봅니
다.

3 적용

존재로 기뻐하는 정원 가꾸기

이번 한 주간 무언가 잘해내야 한다는 강박에서 벗어나 '하나님의 사랑받는 자녀'라는 존재적 기쁨을 누리기 위해 무엇을 실천 하시겠습니까?
(예: 오늘 하루 아무것도 성취하지 못했어도 "수고했어, 너는 여전히 소중해"라고 나에게 말해주기, 나를 향한 하나님의 칭찬 한마디 적어보기)

말씀의 토양 Word's Foundation

가드너님, 정원의 꽃이 스스로 아름다움을 증명할 필요가 없듯, 하나님의 '걸작품'인 당신은 존재 자체로 이미 충분합니다. 무거운 '업적'의 짐을 내려놓고 주님이 미리 예비하신 '선한 길'을 신뢰하며 걸어보세요. 세 개의 질문 끝에 마주한 오늘의 결단이, 나를 증명하려는 애씀이 아닌 나를 사랑하시는 하나님 안에서 누리는 평온한 열매가 되길 소망합니다. 주님의 따스한 시선 아래 오늘 하루, 존재의 기쁨을 마음껏 누리세요.

꽃 피우기

기도의 꽃이 피어나
하나님께 향기로운 제물로
올려지는 시간입니다.

매주 기도 훈련으로
하나님과 깊이 소통하며
균형 잡힌 기도 생활을
가꾸어 갑니다.

• 기도의 꽃 피우기

'존재' 고백 카드

1. 준비된 카드에 나를 포함한 우리 모두를 향한 하나님의 축복을 적습니다.
[포이에마(Poiema)]:
"당신은 하나님의 걸작품, 한 편의 아름다운 시(Poem)입니다."

2. 카드를 예쁘게 꾸민 뒤 옆 사람과 서로 카드를 교환하고, 상대방이 적힌 문구 그대로의 소중한 존재임을 인정하며 축복의 기도를 해줍니다.

3. 선물 받은 카드를 잘 보이는 곳에 두고 하나님의 사랑에 감사하며 묵상합니다.

기도의 화원 Prayer Garden

기도는 내가 무엇을 해내기 전에 이미 나를 '작품'이라 불러주신 창조주의 음성에 귀를 기울이는 시간입니다. 오늘 서로를 축복하며 주고받았던 그 고백 카드를 가만히 바라보세요. 타인의 입술을 통해 들려주신 "너는 나의 걸작품이란다"라는 하나님의 확신을 마음 깊이 새겨보시길 바랍니다. 산책의 끝에서, 존재만으로 충분히 행복했던 오늘의 감격과 주님이 내 정원에 새겨주신 '포이에마'의 향기를 조용히 기록하며 갈무리해 보세요.

열매 나누기

각자의 재료가 모여
풍성한 식탁을 이루는
연합의 시간입니다.

함께 식사하며
삶의 열매를 나누고
공동체의
따뜻한 온기를 누립니다.

• ## 풍성한 열매 나누기

정원 식탁

마더가든의 식탁은 무거운 '업적'의 짐을 잠시 내려놓고, 있는 그대로의 모습으로 서로를 마주하는 따스한 안식처입니다.

각자가 가져온 재료들이 어우러져 하나의 맛있는 작품이 되듯, 하나님의 '걸작품'인 우리 가드너들이 모일 때 가장 아름다운 공동체의 식탁이 완성됩니다.

우리가 함께 식사할 때, 이곳은 세상의 평가가 닿지 않는 가장 안전하고 행복한 정원이 됩니다.

식탁의 교제 The Fellowship Table

각자의 정성이 담긴 재료를 모아 풍성한 식탁을 차리거나, 준비된 사랑의 자리에 머물며 연합의 온기를 누려보세요. 이 시간은 잘해내야 한다는 강박을 내려놓고, 하나님의 자녀라는 사실만으로 서로를 축복하는 자리입니다. 비빔밥 한 그릇, 따뜻한 차 한 잔에 담긴 진심을 나누며 공동체의 소중함을 경험해 보세요. 핵심은 화려한 차림이 아니라, "당신이 있어 행복합니다"라는 존재의 나눔에 있습니다.

온기 전하기

정원에서 맺은
열매와 온기를
이웃에게 전합니다.

정성 어린 손길로
세상에서 가장
포근한 위로를
빚습니다.

• 손끝으로 전하는 사랑

이 주의 활동 |

하나님의 걸작품인 가드너님의 손길은 그 존재 자체로 세상을 따뜻하게 데우는 사랑의 통로가 됩니다. 무언가 완벽하게 만들어야 한다는 부담은 내려놓고, 나를 빚으신 주님의 손길을 기억하며 정성껏 온기를 채워 보세요.

우리가 준비한 작은 선물은 세상의 성적표 앞에 지친 이웃에게 "당신은 소중한 존재입니다"라고 속삭이는 희망의 편지가 될 것입니다. 그가 하나님의 사랑받는 자녀임을 깨닫게 하는 귀한 씨앗이 되길 기도하며 마무리합니다.

손끝 선교 Handcrafted Heart

"그분께서는 그들을 당신의 대리자로 삼으셨으며 구원의 마지막 사업에 있어서 당신을 위한 대사들이 되도록 부르셨다." (교회증언 7권 138)

주님의 대리자로서 이 거룩한 기쁨을 이웃의 손 위에 가만히 올려놓아 보세요. 가드너님의 이 온기는 스스로를 증명하려 애쓰는 이들에게 참된 안식과 회복을 전하는 생명의 씨앗이 됩니다. 존재만으로 아름다운 걸작품들이 모여 전하는 사랑이 세상을 살리는 복음의 마중물이 될 것입니다.

나의 묵상 정원

한 주간 내 정원을 돌보신 하나님의 세밀한 음성을 기록해 보세요.

가드너의 기도 Gardener's Prayer

나를 걸작품으로 빚으신 가드너 하나님, 무언가를 끊임없이 증명해야만 인정받는 세상의 굴레에서 벗어나, 존재 자체로 나를 기뻐하시는 주님의 품에 안기게 하시니 감사합니다. 때때로 초라한 성적표 앞에 자존감이 흔들릴 때도 있지만, 내가 하나님의 '포이에마'라는 사실 하나만으로 충분히 행복한 한 주가 되게 하소서. 업적의 짐을 내려놓고 은혜라는 거름 안에서 자유롭게 숨 쉬며, 주님과 함께 존재의 기쁨을 누리는 평온한 산책을 이어가게 하옵소서. 예수님의 이름으로 기도합니다. 아멘.

제5주

요동치는 감정을
다스리는 평강의 관리

[성경 본문] 빌립보서 4:4~7

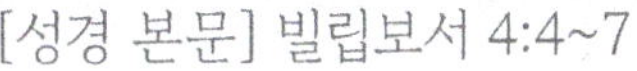

"아무것도 염려하지 말고 다만 모든 일에 기도와 간구로 너희 구할 것을 감사함으로 하나님께 아뢰라 그리하면 모든 지각에 뛰어난 하나님의 평강이 그리스도 예수 안에서 너희 마음과 생각을 지키시리라"
(빌립보서 4:6~7)

"그리하면 모든 지각에 뛰어난 하나님의 평강이 그리스도
예수 안에서 너희 마음과 생각을 지키시리라" (빌립보서 4:7)

정원의 날씨는 가드너의 뜻대로만 흘러가지 않습니다. 때로는 예기치 못한 돌풍이 불어오고, 갑작스러운 먹구름이 해를 가리며 정원의 평화를 흔들어 놓기도 합니다. 우리 마음의 정원도 마찬가지입니다. 불안, 분노, 염려라는 이름의 바람이 불어오면 금세 평안의 꽃잎은 시들고 마음의 흙탕물이 튀어 오릅니다.

마더가든의 다섯 번째 여정은 요동치는 감정 앞에서 '하나님의 평강'이라는 든든한 울타리를 세우는 시간입니다.

바울은 감옥이라는 척박한 환경 속에서도 우리에게 놀라운 비결을 전수합니다. 그것은 바로 '염려'를 '기도와 간구'로 바꾸는 것입니다. 염려는 우리를 주저앉게 하지만, 기도는 우리를 하나님께로 연결합니다.

기도에 '감사함'이라는 양분을 섞을 때, 신비하게도 마음의 먹구름이 걷히기 시작합니다. 상황은 그대로일지라도, 우리 마음의 날씨를 주관하시는 진짜 주인인 하나님께 모든 것을 맡겨 드리기 때문입니다.

하나님의 평강은 우리가 이해할 수 있는 범위를 뛰어넘습니다. 그 평강은 문제를 해결해 주는 마법보다 더 강력하게, 우리의 '마음과 생각'을 먼저 지켜주십니다. 감정의 바람에 꺾이지 않도록 뿌리를 붙들어 주시고, 요동치는 생각의 파도를 잠잠하게 하십니다.

이제 가드너 주님의 손을 잡고 내 안의 감정의 소용돌이를 통과해 보세요. 거친 바람 속에서도 여전히 고요한 주님의 평강이 가드너님의 정원 가득 머물길 소망합니다.

은혜의 햇살

"햇살이
꽃을 피우듯
감사는
우리 마음 정원을
아름답게
가꿉니다."

한 주간
삶의 자리마다
비추었던
하나님의 은혜를
차곡차곡
담아보세요.

존재 자체로
충분한
오늘의 감사를
평온히
기록해 봅니다.

햇살이 머문 날   .   .

햇살이 머문 날   .   .

햇살이 머문 날   .   .

햇살이 머문 날   .   .

햇살이 머문 날   .   .

뿌리 내리기

말씀의 토양에
믿음의 뿌리를 내리는
시간입니다.

성경 본문을
깊이 있게 읽고
질문과 묵상을 통해
내 삶 속에
말씀의 뿌리를
더욱 깊이 내립니다.

• 마음 열기

다 함께 찬미가 367장
'주 안에 있는 나에게'
또는 복음성가
'아무것도 두려워 말라'를 부른 뒤
마음을 모아 기도로 시작합니다.

• 은혜의 햇살 나누기

지난 한 주간 받은 '은혜의 햇살' 중
나의 업적과 상관없이
나를 하나님의
'작품'으로 대해주셨던
감사의 고백을 옆 사람과 나눕니다.

• 말씀에 머무르기

오늘의 본문
빌립보서 4:4~7절 말씀을
다 같이 한 목소리로 읽습니다.
'염려'가 '평강'으로 바뀌는
영적 과정을 묵상하며 읽어보세요.

● 깊이 뿌리 내리기

주제 성구를 생각하며
다음 질문들을 통해 자신의 삶을
돌아보고 느낀 점을 나누어 봅니
다.

1 묵상

정원의 날씨를 바꾸는 열쇠

바울은 마음의 정원에 '염려'라는 먹구름이 낄 때, 무엇을 하라고 권면합니까?(6절) 염려를 기도로 바꿀 때 하나님께서 우리에게 주시는 구체적인 약속은 무엇인지 묵상해 봅시다.(7절)

2 나눔

내 마음을 흔드는 '감정의 바람'

정원의 식물들이 갑작스러운 돌풍에 꺾이듯 가드너님의 평안을 깨뜨리는 주된 감정은 무엇인가요? 불안, 분노, 서운함 등 내 마음의 정원을 어지럽게 만들었던 구체적인 상황이나 홀로 견디기 버거웠던 그 바람 앞에, 마음과 생각을 지키기 힘들었던 심정을 가드너들과 나누어 보세요.

뿌리 내리기

• **깊이 뿌리 내리기**
주제 성구를 생각하며
다음 질문들을 통해 자신의 삶을
돌아보고 느낀 점을 나누어 봅니
다.

3 적용

평강의 울타리 세우기

하나님의 평강은 우리의 상황을 바꾸기 전에 '마음과 생각'을 먼저 지키십니다. 이번 한 주간 감정의 소용돌이가 몰아칠 때 마음의 정원을 보호하기 위해 어떤 '감사 기도의 방패'를 사용 하시겠습니까?(예: 염려가 생길 때마다 즉시 멈추고 3가지 감사 조건 찾기 등)

말씀의 토양 Word's Foundation

마음 정원에 '염려'라는 먹구름이 낄 때, 우리는 '기도'라는 통로를 통해 하늘의 햇살을 초대할 수 있습니다. 단순히 걱정을 멈추는 것이 아니라, 이미 주신 은혜를 기억하며 '감사함'으로 아뢰어 보세요.

세 개의 질문을 통해 내 안의 돌풍을 솔직히 고백하고 주님의 약속을 붙들 때, 세상의 이해를 뛰어넘는 평강이 마음과 생각의 문을 든든히 지켜줄 것입니다. 폭풍우 속에서도 꺾이지 않는 고요한 평안의 정원으로 가꾸어 보세요.

꽃 피우기

기도의 꽃이 피어나
하나님께 향기로운 제물로
올려지는 시간입니다.

매주 기도 훈련으로
하나님과 깊이 소통하며
균형 잡힌 기도 생활을
가꾸어 갑니다.

● 기도의 꽃 피우기

'염려'를 '하나님의 약속'으로

1. 포스트잇에 현재 나의 마음을 괴롭히는 걱정들을 적고 접습니다. '염려 상자'에 넣으며 "주님께 모두 맡깁니다"라고 나직이 고백합니다.

2. 염려 상자는 치우고, '약속 상자'에서 평안의 약속이 담긴 성경 구절 카드를 한 장 뽑습니다. 내 염려 대신 주님이 주신 '평안의 약속'을 소리 내어 읽습니다.

3. 두세 명씩 짝을 지어 나에게 주신 약속의 말씀을 공유하고 주님의 평강이 내 마음의 문을 지켜주실 것을 믿으며 감사의 기도로 활동을 마무리합니다.

기도의 화원 Prayer Garden

기도는 내 정원의 주권을 가드너 주님께 온전히 내어드리는 신뢰의 고백입니다. 염려 상자에 던져 넣은 그 마음의 짐들을 다시 꺼내어 보지 마세요. 대신 주님이 선물하신 '약속의 성구'를 마음 정원 한복판에 깊이 심어보시길 바랍니다. 내 지각으로는 도저히 이해할 수 없는 신비로운 평안이 폭풍우 속에서도 내 마음의 문을 든든히 지켜주실 것을 믿으며 오늘의 감격과 약속을 가슴에 새기고 주님의 평강 안에 깊이 머물러 보세요.

열매 나누기

각자의 재료가 모여
풍성한 식탁을 이루는
연합의 시간입니다.

함께 식사하며
삶의 열매를 나누고
공동체의
따뜻한 온기를 누립니다.

• 풍성한 열매 나누기

정원 식탁

마더가든의 정원 식탁은 마음을 흔들던 '염려'의 폭풍을 삼시 멈추고, 주님이 주신 평강의 울타리 안에서 서로를 마주하는 따스한 안식처입니다.

흩어져 있던 재료들이 어우러져 따뜻한 한 끼가 되듯, 각자의 고백이 모일 때 우리만의 특별한 '평안의 식탁'이 완성됩니다. 준비해 오신 정성스러운 재료와 함께 마음의 평안을 나누어 보세요.

우리가 함께 식사할 때, 이곳은 세상의 소란함이 닿지 않는 가장 안전하고 행복한 정원이 됩니다.

식탁의 교제 The Fellowship Table

각자의 정성이 담긴 재료를 모아 풍성한 식탁을 차리거나, 준비된 사랑의 자리에 머물며 연합의 온기를 누려보세요. 이 시간은 마음을 어지럽히던 염려의 먹구름을 거두고, 주님이 주신 평강을 서로의 눈빛과 고백 속에 채우는 자리입니다. 비빔밥 한 그릇, 따뜻한 차 한 잔에 담긴 진심을 나누며 공동체의 소중함을 경험해 보세요. 핵심은 화려한 차림이 아니라, "주님의 평강이 당신과 함께하길 소망합니다"라고 축복하는 마음의 나눔에 있습니다.

온기 전하기

정원에서 맺은
열매와 온기를
이웃에게 전합니다.

정성 어린 손길로
세상에서 가장
포근한 위로를
빚습니다.

손끝으로 전하는 사랑

이 주의 활동 |

마음의 폭풍을 잠재우는 주님의 평강을 경험한 가드너님의 손길은 이제 누군가의 그늘진 마음을 비추는 따사로운 햇살이 됩니다. 염려를 기도로 바꾸어 얻은 그 평안의 온기를 정성껏 담아 보세요.

준비한 작은 정성은 불안의 계절을 지나는 이웃에게 "주님이 함께하십니다"라고 속삭이는 위로의 통로가 됩니다. 손끝으로 빚은 이 사랑이 누군가의 어지러운 마음 정원에 평강의 씨앗을 심는 귀한 사역이 되길 기도합니다.

손끝 선교 Handcrafted Heart

기도가 담긴 작은 선물로 불안의 폭풍 속에 있는 이웃에게 주님의 평안을 흘려보내 보세요. 가드너님이 전하는 이 온기는 홀로 인생의 바람을 버티던 누군가에게 참된 안식과 위로를 선물하는 생명의 씨앗이 됩니다. 세상의 소란을 잠재우는 주님의 평강이 우리 손끝을 통해 이웃의 마음 정원까지 전달되길 소망합니다. 우리의 작은 정성이 주님의 사랑을 전하는 가장 따뜻한 통로임을 기억하며 [부록1]을 참고해 활동해 보세요.

나의 묵상 정원

한 주간 내 정원을 돌보신 하나님의 세밀한 음성을 기록해 보세요.

평강의 왕이신 하나님, 시시각각 변하는 감정의 날씨와 삶의 돌풍 앞에 내 마음 정원이 쉼 없이 요동쳤음을 고백합니다. 내 안의 깊은 불안과 묵직한 염려를 숨기지 않고 주님 앞에 정직하게 쏟아 놓으니, 모든 지각을 뛰어넘는 하나님의 평강으로 내 마음과 생각의 빗장을 든든히 걸어 잠가 주옵소서. 세상이 줄 수 없는 고요한 평안의 꽃향기가 이번 한 주간 내 삶에 가득하게 하시고, 어떤 형편에서도 주님을 신뢰하며 안식하게 하소서. 우리를 평강의 길로 인도하시는 예수님의 이름으로 기도드립니다. 아멘.

제6주

정원을 가꾸는 힘
거룩한 습관

[성경 본문] 다니엘 6:10

"다니엘이 이 조서에 왕의 도장이 찍힌 것을 알고도 자기 집에 돌아가서는 윗방에 올라가 예루살렘으로 향한 창문을 열고 전에 하던 대로 하루 세 번씩 무릎을 꿇고 기도하며 그의 하나님께 감사하였더라"
(다니엘 6:10)

"다니엘이… 전에 하던 대로 하루 세 번씩 무릎을 꿇고
기도하며 그의 하나님께 감사하였더라" (다니엘 6:10)

아무리 아름다운 꽃을 심어도 가드너의 성실한 손길이 멈추면 정원은 금세 활기를 잃고 맙니다. 정원을 지키는 진정한 힘은 특별한 이벤트가 아니라 매일 흙을 살피고 물을 주는 '성실한 반복'에서 나옵니다. 우리 마음도 마찬가지입니다. 믿음의 꽃을 지속적으로 피워내는 비결은 거창한 결심보다 일상에서 묵묵히 이어가는 '거룩한 습관'에 있습니다.

여섯 번째 여정은 흔들리지 않는 신앙의 루틴을 배우는 시간입니다. 다니엘은 생명이 위태로운 순간에도 당황하지 않고 '전에 하던 대로' 창문을 열고 무릎을 꿇었습니다. 위기 속에서 갑자기 낸 용기가 아니라, 평소 쌓아온 기도의 습관이 그의 영혼을 지탱하는 단단한 버팀목이 되어준 것입니다.

거룩한 습관은 세상의 소란을 잠재우고 하나님을 향한 '감사의 창'을 여는 행위입니다. 바쁜 일과 중 잠시 멈추어 주님의 음성에 귀를 기울일 때, 기도는 내 삶의 주권을 가드너 주님께 확증해 드리는 거룩한 의식이 됩니다. 이때 우리 마음에는 세상의 풍파가 넘볼 수 없는 '영적인 울타리'가 세워집니다.

상황은 여전히 녹록지 않을지라도 하나님을 향해 난 창문을 닫지 않는 한 우리 정원의 생명력은 결코 마르지 않을 것입니다.

이제 남은 여정을 완주하기 위해, 나만의 '거룩한 가드닝 루틴'을 더 견고히 세워보세요. 일상의 소소한 순간마다 기도의 창을 활짝 열고 성실히 정원을 가꾸어가는 진정한 가드너가 되시길 소망합니다.

은혜의 햇살

"햇살이
꽃을 피우듯
감사는
우리 마음 정원을
아름답게
가꿉니다."

한 주간
삶의 자리마다
비추었던
하나님의 은혜를
차곡차곡
담아보세요.

'거룩한 습관'의
창을 열고
내 정원에 머무는
평온한 감사를
기록해 봅니다.

햇살이 머문 날

햇살이 머문 날

햇살이 머문 날

햇살이 머문 날

햇살이 머문 날

뿌리 내리기

말씀의 토양에
믿음의 뿌리를 내리는
시간입니다.

성경 본문을
깊이 있게 읽고
질문과 묵상을 통해
내 삶 속에
말씀의 뿌리를
더욱 깊이 내립니다.

• 마음 열기

다 함께 찬미가 441장
'이 복된 기도 시간에'
또는 복음성가
'기도할 수 있는데'를 부른 뒤
마음을 모아 기도로 시작합니다.

• 은혜의 햇살 나누기

지난 한 주간 받은 '은혜의 햇살' 중
한 주간 불안한 마음이 들었던
순간에 찾아오신
평강의 주님을 경험한 이야기를
짧게 나누어 봅니다.

• 말씀에 머무르기

오늘의 본문
다니엘 6:10절 말씀을
다 같이 한 목소리로 읽습니다.
죽음의 위협 앞에서도 다니엘이
지켜냈던 '전에 하던 대로'라는
표현에 주목해 보세요.

- ## 깊이 뿌리 내리기
  주제 성구를 생각하며
  다음 질문들을 통해 자신의 삶을
  돌아보고 느낀 점을 나누어 봅니
  다.

1 묵상

정원사의 성실함, '전에 하던 대로'

다니엘은 왕의 금령(위기 상황)을 알고도 무엇을 했나요?(10절) 정원의 꽃들이 매일 적절한 물과 햇빛을 받아야 하듯, 다니엘이 평소에 마음정원을 가꾸기 위해 반복했던 습관은 무엇이었나요?

2 나눔

나만의 기도의 창문

다니엘에게 '예루살렘으로 향한 창문'이 있었다면, 가드너님에게는 일상에서 주님을 향해 열어두는 '기도의 시간과 장소'가 있나요? 바쁜 일과 중 주님을 기억하기 위해 노력했던 나만의 영적 루틴이나, 반대로 무너진 영적 습관이 있다면 나누어 봅시다.

뿌리 내리기

깊이 뿌리 내리기
주제 성구를 생각하며
다음 질문들을 통해 자신의 삶을
돌아보고 느낀 점을 나누어 봅니
다.

---

3 적용

거룩한 가드닝 루틴 만들기

아름다운 정원은 정원사의 부지런한 손길로 유지됩니다. 이번 한 주간 내 마음 정원의 생명력을 지키기 위해 '전에 하던 대로' 실천할 단 한 가지 거룩한 습관을 정해봅시다.(예: 눈뜨자마자 5분간 감사 기도하기, 정해진 시간에 성경 한 장 읽기, 설거지하며 찬양 듣기 등)

말씀의 토양 Word's Foundation

정원의 생명력은 화려한 꽃보다 깊게 내린 '뿌리의 성실함'에 있습니다. 다니엘에게 기도는 위기 때 찾는 비상구가 아니라 평소 기쁨으로 가꾸어 온 '거룩한 습관'이었습니다. 세상의 소란 속에 기도의 창을 열고 주님을 향해 무릎 꿇는 그 성실한 반복이 어떤 풍파에도 흔들리지 않는 든든한 평강의 울타리가 되어줄 것입니다.

꽃 피우기

기도의 꽃이 피어나
하나님께 향기로운 제물로
올려지는 시간입니다.

매주 기도 훈련으로
하나님과 깊이 소통하며
균형 잡힌 기도 생활을
가꾸어 갑니다.

• ## 기도의 꽃 피우기

기도의 창문 열기: 거룩한 일과표

1. 준비된 종이에 나의 일주일 일과를 간략히 그려보고, 현재 시간이 주로 어디에 사용되는지 찬찬히 살펴봅니다.

2. 바쁜 일과 중 다니엘처럼 주님과 독대할 최적의 시간과 장소를 찾아 '기도의 창문'을 열 고요한 시간을 구별합니다.

3. 작성한 시간표를 가드너들과 공유하고, 정해진 약속을 끝까지 지키도록 성령님의 도우심을 구하며 서로를 위해 기도합니다.

기도의 화원 Prayer Garden

"다니엘의 기도는 얼마나 진지하고 열렬한 것으로 특징지어질 수 있는가! … 우리의 영혼을 하나님 앞에서 겸비히 하며 다니엘이 기도했던 것처럼 기도하고 그가 투쟁했던 것처럼 투쟁한다면 우리는 다니엘에게 주어졌던 것과 같이 우리들의 탄원에 대해 명확한 응답을 인식하게 될 것이다."(기도 146)
매일의 성실한 반복 속에서 주님의 세밀한 응답을 경험하는 기도의 화원을 아름답게 가꾸어 보세요.

열매 나누기

각자의 재료가 모여
풍성한 식탁을 이루는
연합의 시간입니다.

함께 식사하며
삶의 열매를 나누고
공동체의
따뜻한 온기를 누립니다.

• 풍성한 열매 나누기

정원 식탁

매일 같은 시간에 물을 주어 꽃을 피우듯, 정해진 시간과 장소에서 마주 앉는 이 정원 식탁은 우리 영혼을 단단하게 지탱하는 '성실한 사랑의 루틴'이 됩니다.

준비해 오신 정성스러운 재료들이 어우러져 풍성한 한 끼가 되듯, 한 주간 삶의 자리에서 가꾸어온 감사의 고백들을 식탁 위에 정갈하게 차려내 보세요.

우리가 함께 머무는 이 시간은 가장 견고하고 따뜻한 '평강의 울타리'가 될 것입니다.

식탁의 교제 The Fellowship Table

각자의 정성이 담긴 재료를 모아 풍성한 식탁을 차리거나, 준비된 사랑의 자리에 머물며 성실한 연합의 온기를 누려보세요. 이 시간은 일상의 소란을 잠시 끄고, 다니엘이 기도의 창을 열었듯 우리도 서로를 향해 '사랑의 창'을 여는 거룩한 습관의 자리입니다. 정갈한 식탁 위에서 한 주간 지켜온 고백을 나누며, 매일의 반복이 영성이 되는 기쁨을 경험해 보세요.

온기 전하기

정원에서 맺은
열매와 온기를
이웃에게 전합니다.

정성 어린 손길로
세상에서 가장
포근한 위로를
빚습니다.

• 손끝으로 전하는 사랑

이 주의 활동 |

매일 기도의 창문을 열어 가꾸어 온 가드너님의 평강은 이제 누군가의 그늘진 마음을 비추는 따사로운 햇살이 됩니다. '전에 하던 대로' 정성껏 쌓아온 그 기도의 온기를 작은 선물에 소중히 담아 보세요.

준비한 작은 정성은 불안의 계절을 지나는 이웃에게 속삭이는 희망의 편지가 되고 손끝으로 빚은 이 사랑은 누군가의 어지러운 마음 정원에 평강의 씨앗을 심는 귀한 사역이 됩니다.

손끝 선교 Handcrafted Heart

기도의 창문을 열어 매일 성실히 가꾸어 온 가드너님의 평강이, 이제는 이웃의 시든 마음을 되살리는 '생명의 생수'가 됩니다.
[부록1]에 담긴 다양한 나눔 아이디어 중 가드너님의 마음이 닿는 활동을 선택해 보세요. 정성껏 손끝으로 빚은 그 작은 선물이 이웃의 정원에 소망의 꽃을 피우는 귀한 통로가 될 것입니다. 주님의 사랑을 전하는 가장 따뜻한 손길이 되어 기쁨으로 참여해 보세요.

나의 묵상 정원

한 주간 내 정원을 돌보신 하나님의 세밀한 음성을 기록해 보세요.

가드너의 기도 Gardener's Prayer

변함없이 우리를 돌보시는 가드너 하나님, 그동안 정원 가꾸기를 소홀히 했던 게으름을 회개합니다. 다니엘처럼 어떤 상황에서도 주님을 향한 창문을 여는 신실함을 허락하시고, 거룩한 습관이 내 삶과 인격이 되게 하시며, 매일 주님과 만나는 시간을 통해 내 마음의 정원이 더욱 싱그럽게 피어나게 하옵소서. 예수님의 이름으로 기도 드립니다. 아멘.

제7주

마음의 토양을
비옥하게 하는
말씀의 자양분

[성경 본문] 시편 1:1~3

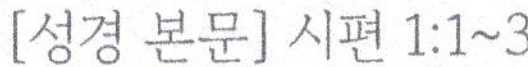

"오직 여호와의 율법을 즐거워하여
그의 율법을 주야로 묵상하는도다
그는 시냇가에 심은 나무가 철을 따
라 열매를 맺으며 그 잎사귀가 마르
지 아니함 같으니 그가 하는 모든 일
이 다 형통하리로다"
(시편 1:2~3)

"오직 여호와의 율법을 즐거워하여 그의 율법을 주야로 묵상하는도다
그는 시냇가에 심은 나무가 철을 따라 열매를 맺으며.." (시편 1:2~3)

정원의 식물에게 '물'이 생명 그 자체이듯 우리 영혼을 살리는 유일한 자양분은 하나님의 말씀입니다. 아무리 좋은 토양이라도 물이 흐르지 않으면 정원은 금세 생기를 잃고 맙니다. 우리 마음도 마찬가지입니다. 믿음의 꽃을 피우고 열매를 맺는 비결은 스스로 애쓰는 수고보다 끊이지 않는 생명의 근원인 '말씀'에 깊이 연결되는 것입니다.

이번 여정은 내 영혼을 시냇가에 심은 나무처럼 푸르게 가꾸는 시간입니다. 복 있는 사람은 세상의 소란에 귀를 내어주지 않고 오직 여호와의 말씀을 즐거워하며 밤낮으로 그 음성을 나직이 읊조립니다. 이는 단순히 글을 읽는 행위가 아니라 가뭄 속에서도 마르지 않는 하늘의 생명력을 내 영혼의 뿌리로 깊이 빨아올리는 거룩한 축복입니다.

말씀 묵상은 세상을 향한 복잡한 생각을 잠시 멈추고 내 마음 정원에 '말씀의 물길'을 내는 일입니다. 일상의 소음 속에서도 주님의 약속을 되뇔 때 말씀은 메마른 토양을 적시는 자양분이 되어 우리 영혼을 안으로부터 비옥하게 일구어냅니다. 이때 우리 삶에는 세상이 줄 수 없는 평강이 흐르고 철을 따라 맺히는 형통의 열매가 준비됩니다.

생명수의 근원에 뿌리를 내린 정원은 결코 시들지 않을 것입니다. 영혼의 갈증을 해갈하는 말씀의 시냇가로 가까이 나아가세요.

고요히 흐르는 생명수의 물소리에 귀를 기울이며 말씀의 자양분으로 비옥해진 가드너님의 정원을 기쁨으로 산책해 보시길 소망합니다.

은혜의 햇살

"햇살이
꽃을 피우듯
감사는
우리 마음 정원을
아름답게
가꿉니다."

한 주간
삶의 자리마다
비추었던
하나님의 은혜를
차곡차곡
담아보세요.

기도의 창을 통해
비추이는
반짝이는 은혜의
햇살을
놓치지 말고
기록해 봅니다.

햇살이 머문 날 .   .

햇살이 머문 날 .   .

햇살이 머문 날 .   .

햇살이 머문 날 .   .

햇살이 머문 날 .   .

뿌리 내리기

말씀의 토양에
믿음의 뿌리를 내리는
시간입니다.

성경 본문을
깊이 있게 읽고
질문과 묵상을 통해
내 삶 속에
말씀의 뿌리를
더욱 깊이 내립니다.

● 마음 열기   1

다 함께 찬미가 232장
'달고 오묘한 그 말씀'
또는 복음성가 '원하고 바라고 기도
합니다'를 부른 뒤
마음을 모아 기도로 시작합니다.

● 은혜의 햇살 나누기   2

지난 한 주간 받은 '은혜의 햇살' 중
정해진 시간에 기도의 습관을
지키려 노력할 때
주님께서 내 마음의 정원에 비추신
은혜의 햇살을 나눕니다.

● 말씀에 머무르기   3

오늘의 본문
시편 1:1~3절 말씀을
다 같이 한 목소리로 읽습니다.
'시냇가에 심은 나무'의 이미지를
머릿속에 그리며 묵상해 보세요.

1 묵상

마르지 않는 생명수의 근원

시인은 복 있는 사람이 어떤 상태에 있다고 묘사하나요?(3절) 나무가 가뭄에도 마르지 않고 열매를 맺을 수 있는 비결은 무엇입니까? 정원의 식물에게 '물'이 필수적이듯, 우리 영혼에게 '말씀 묵상'은 어떤 역할을 하는지 생각해 봅시다.

2 나눔

세상의 소리 vs 하나님의 소리

우리는 매일 스마트폰, SNS, 주변 사람들의 말 등 수많은 '세상의 소리'를 듣고 삽니다. 그런 소리들이 내 마음의 정원을 메마르게 하거나 오염시켰던 경험이 있나요? 반대로 갈급한 심령에 말씀이 자양분처럼 스며들어 영혼이 살아났던 경험을 나누어 봅시다.

뿌리 내리기

● **깊이 뿌리 내리기**
주제 성구를 생각하며
다음 질문들을 통해 자신의 삶을
돌아보고 느낀 점을 나누어 봅니
다.

---

3 적용

말씀을 읊조리는 가드너

'묵상'의 원어적 의미는 '낮게 읊조리다'입니다. 이번 한 주간 세상의 부정적인 소리가 내 귀를 가득 채울 때, 그 소리들을 잠재울 하나님의 말씀을 어떻게 가까이 하시겠습니까?(예: 이번 주 기억절 한 구절 암송하기, 말씀 속 한 단어를 하루 종일 되새기기, 성경 필사 한 페이지 하기 등)

말씀의 토양 Word's Foundation

정원의 생명력은 화려한 꽃보다 깊게 내린 '뿌리의 연결'에 있습니다. 우리에게 말씀은 위기 때만 찾는 비상구가 아니라, 매일 시냇가에서 생명수를 길어 올리는 '거룩한 자양분'입니다.세상의 소란 속에서도 말씀의 물길을 내고 주님의 약속을 낮게 읊조리는 그 성실한 반복이, 어떤 가뭄에도 마르지 않는 든든한 평강의 울타리가 되어줄 것입니다. 말씀에 깊이 뿌리 내린 가드너의 정원에는 반드시 철을 따라 풍성한 형통의 열매가 맺힐 것입니다.

꽃 피우기

기도의 꽃이 피어나
하나님께 향기로운 제물로
올려지는 시간입니다.

매주 기도 훈련으로
하나님과 깊이 소통하며
균형 잡힌 기도 생활을
가꾸어 갑니다.

• 기도의 꽃 피우기

영혼의 시냇가, '말씀 물길' 내기

1. 3명이 짝을 지어 말씀을 가까이하는 데 방해가 되는 나의 습관이나 상황(바쁜 일상, 잡념, 무뎌진 마음 등)을 한 가지씩 진솔하게 나눕니다.

2. 동료 가드너가 시냇가에 심은 나무처럼 말씀의 힘으로 살아가길 소망하며, 시편 1:3 말씀을 나직하고 정중하게 함께 읽습니다.

3. 서로의 어깨에 손을 얹고 말씀의 자양분으로 철을 따라 풍성한 열매를 맺는 '말씀의 사람'이 되길 간절히 기도합니다.

기도의 화원 Prayer Garden

"그는 시냇가에 심은 나무가 철을 따라 열매를 맺으며... 그가 하는 모든 일이 다 형통하리로다" (시편 1:3) 기도는 생명의 근원이신 주님의 말씀에 내 영혼의 뿌리를 내리는 거룩한 연결의 시간입니다. 세상의 소란이 마음을 어지럽힐 때, 조용히 주의 약속을 읊조리며 그 생명수를 길어 올려 보세요. 말씀의 자양분으로 촉촉이 젖어든 영혼은 가뭄에도 마르지 않는 평강과 형통의 열매를 철을 따라 맺게 될 것입니다.

열매 나누기

각자의 재료가 모여
풍성한 식탁을 이루는
연합의 시간입니다.

함께 식사하며
삶의 열매를 나누고
공동체의
따뜻한 온기를 누립니다.

• 풍성한 열매 나누기

정원 식탁

마른 땅에 물을 주어 생기를 불어넣듯이 정원 식탁은 우리 영혼에 말씀의 시냇물을 대는 '생명의 통로'가 됩니다.

준비해 오신 정성스러운 재료들이 어우러져 풍성한 한 끼가 되듯, 한 주간 말씀의 시냇가에서 거둔 영적 열매들을 식탁 위에 정갈하게 차려내 보세요.

우리가 창조주의 섭리 안에서 함께 머무는 이 시간은, 몸과 영혼을 안으로부터 비옥하게 일구는 가장 풍요로운 식탁이 될 것입니다.

식탁의 교제 The Fellowship Table

각자의 정원에서 말씀의 자양분으로 길러낸 고백들을 모아 풍성한 연합의 식탁을 누려보세요. 이 시간은 세상의 소란을 잠재우고, 시냇가에 심은 나무처럼 주님의 평강에 깊이 뿌리 내리는 거룩한 안식의 자리입니다. 정갈한 식탁 위에서 한 주간 읊조리며 지켜온 약속들을 나누며, 말씀이 삶의 열매가 되는 기쁨을 경험해 보세요.

온기 전하기

정원에서 맺은
열매와 온기를
이웃에게 전합니다.

정성 어린 손길로
세상에서 가장
포근한 위로를
빚습니다.

손끝으로 전하는 사랑

이 주의 활동

말씀의 시냇가에서 풍성한 자양분을 얻은 가드너님은 이제 누군가의 마른 정원을 적실 '하늘의 대사'입니다. 주님께서 맡기신 구원의 사업을 위해 정성껏 준비한 나눔의 선물을 이웃에게 소중히 전해 보세요.

준비한 작은 정성은 가뭄의 때를 지나는 이웃에게 흘러가는 생명수의 물길이 됩니다. 손끝으로 빚은 이 사랑은 누군가의 어지러운 마음 정원에 다시금 평강의 꽃을 피워내는 거룩한 사역이 됩니다.

손끝 선교 Handcrafted Heart

"그분께서는 그들을 당신의 대리자로 삼으셨으며 구원의 마지막 사업에 있어서 당신을 위한 대사들이 되도록 부르셨다." (교회증언 7권 138)

말씀의 시냇가에 뿌리 내린 가드너님의 평강이, 이제는 이웃의 시든 마음을 되살리는 '생명의 생수'가 됩니다. 정성껏 손끝으로 빚은 그 작은 선물이 이웃의 정원에 소망의 꽃을 피우는 귀한 통로가 될 것입니다. 주님의 사랑을 전하는 가장 따뜻한 손길이 되어 기쁨으로 참여해 보세요.

나의 묵상 정원

한 주간 내 정원을 돌보신 하나님의 세밀한 음성을 기록해 보세요.

변함없이 우리를 돌보시는 가드너 하나님, 그동안 말씀의 생명수를 멀리하고 내 힘으로만 애쓰며 메말라갔던 게으름을 회개합니다. 시냇가에 심은 나무처럼 어떤 가뭄에도 주님을 향한 뿌리를 깊이 내리는 신실함을 허락하시고, 말씀을 낮게 읊조리는 거룩한 습관이 내 삶의 자양분이 되게 하소서. 매일 주님과 만나는 시간을 통해 내 마음의 정원이 더욱 비옥하게 피어나게 하옵소서. 예수님의 이름으로 기도드립니다. 아멘.

제8주

정원을
아름답게 물들이는
용서의 능력

[성경 본문] 골로새서 3:12~14

"누가 누구에게 불만이 있거든 서로
용납하여 피차 용서하되 주께서 너
희를 용서하신 것 같이 너희도 그리
하고 이 모든 것 위에 사랑을 더하라
이는 온전하게 매는 띠니라"
(골로새서 3:13~14)

"서로 용납하여 피차 용서하되 주께서 너희를 용서하신 것 같이
너희도 그리하고 이 모든 것 위에 사랑을 더하라" (골로새서 3:13~14)

말씀의 자양분으로 뿌리를 내린 정원에 이제 용서의 빛깔을 더할 차례입니다. 비옥한 토양이라도 미움의 돌덩이가 뿌리를 누르고 있다면 정원의 꽃들은 온전한 생명력을 꽃피우지 못합니다.

주님께 받은 무조건적인 용납을 내 곁의 이웃에게 흘려보낼 때 우리 정원은 비로소 진정한 평강의 빛으로 물들기 시작합니다.

이번 여정은 상처 난 마음의 토양을 기도의 눈물로 적시고 용서의 씨앗을 심는 시간입니다. 복 있는 사람은 내게 불어온 비바람을 탓하기보다 주님이 나를 용서하신 그 넉넉한 품으로 타인을 품습니다. 이는 내 힘으로 참는 인내가 아니라 하늘의 사랑을 영혼의 줄기로 밀어 올리는 거룩한 선택입니다.

용서는 마음의 잡초를 뽑아내고 그 자리에 '사랑의 물길'을 내는 일입니다. 일상의 갈등 속에서도 주님의 긍휼을 낮게 되뇔 때 용서는 딱딱해진 마음 밭을 부드럽게 녹여 우리 영혼을 안으로부터 온전하게 일구어냅니다. 이때 우리 삶에는 세상이 줄 수 없는 평화가 흐르고 사랑으로 매어지는 형통의 열매가 준비됩니다.

하늘 아버지의 용서에 뿌리를 내린 가드너의 정원은 그 어떤 풍파에도 결코 흔들리지 않을 것입니다.

이제 마음을 짓누르던 원망을 내려놓고 모든 허물을 덮어주는 사랑의 시냇가로 나아가 보세요. 주님의 용서에 귀를 기울이며, 사랑의 띠로 더욱 견고해진 정원을 기쁨으로 산책해 보시길 소망합니다.

■ 감사노트

은혜의 햇살

"햇살이
꽃을 피우듯
감사는
우리 마음 정원을
아름답게
가꿉니다."

한 주간
삶의 자리마다
비추었던
하나님의 은혜를
차곡차곡
담아보세요.

말씀을
마음에 새기며
경험한 생명력에
감사를 담아
기록해 봅니다.

햇살이 머문 날　.　.

햇살이 머문 날　.　.

햇살이 머문 날　.　.

햇살이 머문 날　.　.

햇살이 머문 날　.　.

뿌리 내리기

말씀의 토양에
믿음의 뿌리를 내리는
시간입니다.

성경 본문을
깊이 있게 읽고
질문과 묵상을 통해
내 삶 속에
말씀의 뿌리를
더욱 깊이 내립니다.

마음 열기

다 함께 찬미가 447장
'주께 두 손 모아 비오니'
또는 복음성가
'주를 향한 나의 사랑을' 부른 뒤
마음을 모아 기도로 시작합니다.

은혜의 햇살 나누기

지난 한 주간 받은 '은혜의 햇살' 중
하나님의 말씀이 시냇물처럼
흘러들어 마음을 채워 주었던 순간
을 돌아보고 그 안에서 경험한 감사
와 평안을 짧게 나눕니다.

말씀에 머무르기

오늘의 본문
골로새서 3:12~14절 말씀을
다 같이 한 목소리로 읽습니다.
'주께서 너희를 용서하신 것 같이'라
는 말씀을 깊이 새겨 보세요.

● 깊이 뿌리 내리기
주제 성구를 생각하며
다음 질문들을 통해 자신의 삶을
돌아보고 느낀 점을 나누어 봅니
다.

용서라는 이름의 거름

바울은 우리가 어떤 옷(성품)을 입어야 한다고 말합니까?(12절) 특히 서로에 대한 불만이 생길 때, 우리가 용서해야 하는 근거와 기준은 무엇이라고 제시하나요?(13절)

내 마음의 응어리, 미처 내어주지 못한 용서

정원에 썩은 나뭇가지나 오물이 방치되면 악취가 나듯 우리 마음에도 용서하지 못한 응어리가 있으면 영혼이 병듭니다. 나 자신을 용서하지 못해 괴롭거나 타인을 향한 서운함이 정원 한구석을 차지하고 있지는 않나요? 용서가 필요한 내 마음의 솔직한 상태를 나누어 봅시다.

뿌리 내리기

● **깊이 뿌리 내리기**
주제 성구를 생각하며
다음 질문들을 통해 자신의 삶을
돌아보고 느낀 점을 나누어 봅니
다.

3 적용

온전하게 매는 띠, 사랑

용서는 내 의지가 아니라 주님께 받은 사랑을 기억할 때 가능해집니다. 이번 한 주간 나를 아프게 했던 사람이나 혹은 나 자신의 허물을 주님의 시선으로 바라보기 위해 어떤 노력을 하시겠습니까?(예: 그 사람을 위해 축복 기도하기, 미움의 감정이 올라올 때마다 십자가 묵상하기)

말씀의 토양 Word's Foundation

"우리가 남을 용서했기 때문에 용서함을 받는 것이 아니라 우리가 용서받았기 때문에 용서하는 것이다. 모든 용서는 공로 없이 베푸시는 하나님의 사랑에 근거를 두고 있다. 그러나 다른 사람에 대한 우리의 태도로써 우리가 과연 그 사랑을 내 것으로 삼은 여부를 증거하게 된다." (실물교훈, 251)

용서는 내 의지로 하는 수고가 아니라 이미 받은 큰 사랑을 내 정원에 흘려 보내는 것입니다. 하늘 아버지의 사랑을 아름답게 증거해 보세요.

꽃 피우기

기도의 꽃이 피어나
하나님께 향기로운 제물로
올려지는 시간입니다.

매주 기도 훈련으로
하나님과 깊이 소통하며
균형 잡힌 기도 생활을
가꾸어 갑니다.

● 기도의 꽃 피우기

영혼의 시냇가, '말씀 물길' 내기

1. 글씨를 쓸 수 있는 스티커에 본문에 나오는 덕목 긍휼, 자비, 겸손, 온유, 오래 참음을 미리 적어둡니다.

2. 스티커를 하나씩 뽑은 후 2~3명씩 짝을 지어 서로의 옷소매나 가슴 쪽에 스티커를 붙여주며 "가드너님은 그리스도의 '온유'를 입으셨습니다"라고 축복의 말을 건넵니다.

3. 그리스도의 온유로 옷 입은 가드너를 위해 축복의 기도를 해줍니다.

기도의 화원 Prayer Garden

"이 모든 것 위에 사랑을 더하라 이는 온전하게 매는 띠니라" (골 3:14) 기도는 마음의 거친 돌들을 골라내고, 주님의 용서와 사랑을 덧입는 거룩한 단장입니다. 오해와 갈등으로 마음이 해어졌을 때, 조용히 주님의 긍휼 앞에 머물며 그분의 성품을 입어 보세요. 무조건적인 용서로 채워진 기도의 화원에는 미움이 사라지고, 사랑으로 매어진 평강의 열매가 피어날 것입니다. 오늘, 주님이 입혀주시는 용서의 옷을 입고 그 사랑 안에서 진정한 쉼을 누리세요.

열매 나누기

각자의 재료가 모여
풍성한 식탁을 이루는
연합의 시간입니다.

함께 식사하며
삶의 열매를 나누고
공동체의
따뜻한 온기를 누립니다.

• 풍성한 열매 나누기

정원 식탁

딱딱해진 흙을 고르고 돌을 치우듯 함께 마주 앉는 이 정원 식탁은 우리 사이의 거친 마음들을 다듬고 사랑으로 채우는 '용납의 통로'가 됩니다.

준비해 오신 정성스러운 재료들로 삶의 자리에서 용서와 사랑으로 가꾸어온 마음들을 식탁 위에 정갈하게 차려내 보세요.

우리가 주님의 긍휼 안에서 함께 머무는 이 시간은, 서로의 허물을 덮어주고 사랑으로 단단히 매어지는 가장 따뜻한 용서의 식탁이 될 것입니다.

식탁의 교제 The Fellowship Table

각자의 정원에서 용서의 씨앗을 심고 사랑의 띠로 가꾸어온 고백들을 모아 풍성한 연합의 식탁을 누려보세요. 이 시간은 일상의 갈등과 오해를 잠재우고, 주님이 우리를 용서하신 것처럼 서로를 너그럽게 품어 안는 거룩한 안식의 자리입니다. 정갈한 식탁 위에서 사랑으로 온전하게 매어지는 기쁨을 나누며, 우리 공동체가 주님 안에서 더욱 견고해지는 은혜를 경험해 보세요.

온기 전하기

정원에서 맺은
열매와 온기를
이웃에게 전합니다.

정성 어린 손길로
세상에서 가장
포근한 위로를
빚습니다.

손끝으로 전하는 사랑

이 주의 활동 |

주님께 받은 용서로 마음의 정원을 가꾼 가드너님은 이제 이웃을 사랑의 띠로 묶는 '화목의 대사'입니다. 마음속에 품었던 미움의 돌덩이를 내려놓고, 그 빈자리에 정성껏 준비한 나눔의 선물을 채워 이웃에게 전해 보세요.

손끝으로 빚은 작은 정성은 서먹했던 관계를 녹이고, 엉켰던 마음의 매듭을 푸는 용서의 실타래가 됩니다. 우리가 먼저 내미는 따뜻한 손길은 이웃의 삭막한 정원에 주님의 긍휼을 꽃피우는 거룩한 사역이 될 것입니다.

손끝 선교 Handcrafted Heart

그리스도의 사랑으로 옷 입은 가드너님의 온기는 상처 입은 이웃의 마음을 싸매어주는 '하늘의 위로'가 됩니다. [부록 1]의 아이디어 중 용서와 화해의 의미를 담을 수 있는 활동을 선택해 보세요. 정성스러운 손길로 전해지는 그 선물이 이웃의 닫힌 마음 문을 열고, 사랑으로 온전하게 매어지는 은혜의 통로가 될 것입니다. 주님의 대사로서 화평을 전하는 발걸음에 기쁨으로 참여해 보세요.

나의 묵상 정원

한 주간 내 정원을 돌보신 하나님의 세밀한 음성을 기록해 보세요.

자비로우신 하나님, 갚을 길 없는 저를 용서하시고 품어주셔서 감사합니다. 주님의 용서를 누리면서도 타인에게 인색하고 제 실수도 용납하지 못했음을 고백합니다. 마음 구석에 남은 미움의 돌덩이들을 주님의 보혈로 씻어 주시고, 상처 입은 모든 관계가 용서를 통해 회복되어 사랑의 띠로 온전해지게 하소서. 오늘 제가 받은 사랑을 이웃에게 기꺼이 흘려 보내는 축복의 통로가 되게 하옵소서. 예수님의 이름으로 기도합니다. 아멘.

제9주

삶의 향기가 되는 거룩한 사명

[성경 본문] 로마서 12:1~2

"그러므로 형제들아 내가 하나님의 모든 자비하심으로 너희를 권하노니 너희 몸을 하나님이 기뻐하시는 거룩한 산 제물로 드리라 이는 너희가 드릴 영적 예배니라 너희는 이 세대를 본받지 말고 오직 마음을 새롭게 함으로 변화를 받아 하나님의 선하시고 기뻐하시고 온전하신 뜻이 무엇인지 분별하도록 하라"
(로마서 12:1~2)

"너희 몸을 하나님이 기뻐하시는 거룩한 산 제물로 드리라
이는 너희가 드릴 영적 예배니라" (로마서 12:1)

정원을 가꾸는 궁극적인 목적은 그 정원이 주인에게 기쁨이 되고 지나는 이들에게 아름다운 향기를 전하는 데 있습니다. 말씀으로 뿌리를 내리고 용서로 토양을 고른 가드너의 정원은 이제 삶의 현장에서 '거룩한 산 제물'로 드려져야 합니다. 영적 예배란 화려한 꽃 장식이 아니라 내 삶의 모든 순간을 하나님의 기쁨이 되는 향기로운 정원 자체로 봉헌하는 것입니다.

이번 여정은 세상의 유행이라는 잡초가 내 정원을 침범하지 못하도록 깨어 분별하는 시간입니다. 참된 가드너는 세대의 흐름에 휩쓸리지 않고 오직 마음의 토양을 날마다 새롭게 일구어 하나님의 온전하신 뜻을 찾아냅니다. 이는 나를 부르신 창조주의 설계도를 따라 내 정원만의 고유한 아름다움을 완성해가는 거룩한 사명입니다.

사명은 내 정원을 담장 너머 세상과 연결하여 '그리스도의 향기'를 내뿜는 일입니다. 일상의 소소한 선택 속에서도 주님의 뜻을 물을 때 내 마음의 정원은 세상을 본받지 않는 구별된 빛깔로 반짝이게 됩니다. 이때 우리 삶은 하나님이 거하시는 성소가 되고 정원을 스치는 모든 이에게 하늘의 평안을 전하는 축복의 통로가 준비됩니다.

하나님의 선하신 뜻에 삶의 초점을 맞춘 가드너의 정원은 시간이 흐를수록 더욱 깊은 향기를 더해갈 것입니다. 이제 세상의 소란한 기준들을 잠시 내려놓고 나를 산 제물로 부르시는 주님의 세밀한 음성에 귀를 기울여 보세요. 주님이 기뻐하시는 향기로운 꽃으로 가득 찬 가드너님의 정원을 기쁨으로 산책해 보시길 소망합니다.

은혜의 햇살

"햇살이
꽃을 피우듯
감사는
우리 마음 정원을
아름답게
가꿉니다."

한 주간
삶의 자리마다
비추었던
하나님의 은혜를
차곡차곡
담아보세요.

용서를 통해 찾은
내 마음의
평안과 감사를
찬양하며
기록해 봅니다.

햇살이 머문 날 　.　.

햇살이 머문 날 　.　.

햇살이 머문 날 　.　.

햇살이 머문 날 　.　.

햇살이 머문 날 　.　.

뿌리 내리기

말씀의 토양에
믿음의 뿌리를 내리는
시간입니다.

성경 본문을
깊이 있게 읽고
질문과 묵상을 통해
내 삶 속에
말씀의 뿌리를
더욱 깊이 내립니다.

● 마음 열기

다 함께 찬미가 427장
'맘에 평화 얻고'
또는 복음성가
'소원-삶의 작은 일에도'를 부른 뒤
마음을 모아 기도로 시작합니다.

● 은혜의 햇살 나누기

지난 한 주간 받은 '은혜의 햇살' 중
용서의 마음을 품었을 때
마음에 찾아왔던 평안과 감사를
짧게 나눕니다.

● 말씀에 머무르기

오늘의 본문
로마서 12:1~2절 말씀을
다 같이 한 목소리로 읽습니다.
'산 제물'과 '하나님의 뜻'이라는
단어에 집중하며 삶의 방향을
점검해 보세요.

- ## 깊이 뿌리 내리기
  주제 성구를 생각하며
  다음 질문들을 통해 자신의 삶을
  돌아보고 느낀 점을 나누어 봅니
  다.

---

1 묵상

정원을 드리는 예배

바울은 우리가 드려야 할 '영적 예배'가 무엇이라고 말하나요?(1절) 우리의 삶의 현장(가정, 일터, 소그룹 등)이라는 정원 자체를 하나님께 드린다는 것은 어떤 의미일까요?

---

2 나눔

세상의 유행 vs 하나님의 뜻

정원에 세상의 온갖 잡다한 것들이 들어오면 본연의 아름다움을 잃듯이, 요즘 가드너님이 하나님의 뜻보다 더 신경 쓰고 있는 '세대의 모습(비교, 과시, 염려 등)'은 무엇인가요? 마음을 새롭게 함으로 변화를 받아야 할 나의 구체적인 영역은 어디인지 나누어 봅시다.

뿌리 내리기

● **깊이 뿌리 내리기**
주제 성구를 생각하며
다음 질문들을 통해 자신의 삶을
돌아보고 느낀 점을 나누어 봅니
다.

3 적용

향기 흐르는 사명의 가드닝

하나님은 우리 각자를 세상 속의 '작은 정원'으로 부르셨습니다. 이번 한 주간 내 삶이 하나님께 드려지는 기쁨의 제물이 되기 위해 실천할 한 가지 사명은 무엇인가요?(예: 가족들에게 짜증 대신 축복의 언어 사용하기, 고단한 이웃에게 따뜻한 차 한 잔 건네며 격려하기 등)

말씀의 토양 Word's Foundation

"거룩한 사명을 받은 각 사람은 이런 질문을 해야 한다. '나는 감찰하시는 하나님의 눈을 어떻게 대할 것인가? 나의 마음은 더러움으로부터 정결하게 되었는가? 혹시라도 내 마음의 성전 뜰은 거룩함을 잃고 사고파는 자들로 가득하여 그리스도께서 거하실 수 없게 되었는가?'" (그리스도인 리더십 4)
세상의 잡다한 것들로 내 마음의 정원이 어지러워지지 않았는지 정직하게 살피며, 오늘 내 정원이 주님이 기꺼이 거하시는 향기로운 제단이 되게 하세요.

꽃 피우기

기도의 꽃이 피어나
하나님께 향기로운 제물로
올려지는 시간입니다.

매주 기도 훈련으로
하나님과 깊이 소통하며
균형 잡힌 기도 생활을
가꾸어 갑니다.

• 기도의 꽃 피우기

'산 제물' 서약

1. 자신의 삶 전체(시간, 재능, 물질 등)를 하나님께 드린다는 내용의 '산 제물 서약서'를 작성합니다. [부록2]

2. 이 세대를 본받지 않고 하나님의 선하신 뜻을 분별하며 살기를 다짐하며 서약서를 가슴에 품고 나를 온전히 주님께 드리는 헌신 기도를 합니다.

3. 서로의 사명을 응원하며 헌신된 삶을 살 수 있도록 그룹으로 나누어 중보기도를 나눕니다.

기도의 화원 Prayer Garden

"너희 몸을 하나님이 기뻐하시는 거룩한 산 제물로 드리라" (롬 12:1)
기도는 내 정원의 울타리를 낮추고, 삶의 모든 순간을 하나님의 제단 위에 정갈하게 올려드리는 헌신의 시간입니다. 세상의 화려한 유행에 마음을 빼앗기지 않고, 오직 주님의 선하신 뜻을 따라 내 삶을 가꾸기로 다짐해 보세요. 오늘 가슴에 품은 서약의 고백이 향기로운 제물이 되어, 가드너님의 일상마다 주님이 기뻐하시는 사명의 꽃이 활짝 피어나길 소망합니다.

열매 나누기

각자의 재료가 모여
풍성한 식탁을 이루는
연합의 시간입니다.

함께 식사하며
삶의 열매를 나누고
공동체의
따뜻한 온기를 누립니다.

• 풍성한 열매 나누기

정원 식탁

가드너의 정원에서 정성껏 길러낸 싱싱한 재료들이 모여 은혜로운 성찬이 차려집니다. 이 식탁은 우리 삶을 산 제물로 드리는 가장 아름답고 구체적인 '생활 예배의 현장'입니다.

준비해 오신 정성스러운 재료들 속에 담긴 주님의 돌보심과 사랑의 이야기들을 식탁 위에 정갈하게 차려내 보세요.

우리가 주님의 자비하심 안에서 함께 맛보고 즐기는 이 시간은 사명의 길을 걷는 가드너들에게 하늘의 위로를 더해주는 가장 따뜻한 식탁이 될 것입니다.

식탁의 교제 The Fellowship Table

각자의 정원에서 수확한 생명의 열매들을 나누며 주님 안에서 하나 되는 풍성한 연합의 기쁨을 누려보세요. 이 시간은 나를 향한 하나님의 설계도를 따라 살아온 가드너들이 서로의 존재를 귀히 여기며, 함께 걷는 사명의 길 위에서 누리는 거룩한 안식의 자리입니다. 정갈한 식탁 위에서 사랑으로 온전하게 매어지는 기쁨을 나누며, 우리 공동체가 주님의 향기로 가득 채워지는 은혜를 경험해 보세요.

온기 전하기

정원에서 맺은
열매와 온기를
이웃에게 전합니다.

정성 어린 손길로
세상에서 가장
포근한 위로를
빚습니다.

• 손끝으로 전하는 사랑

이 주의 활동 |

주님께 삶을 산 제물로 드린 가드너님은 이제 세상을 향해 그리스도의 향기를 내뿜는 '소망의 대사'입니다. 나를 부르신 주님의 설계도를 따라, 정성껏 준비한 나눔의 선물을 이웃에게 전해 보세요.

손끝으로 빚은 작은 정성은 세상의 유행에 지친 마음을 위로하고, 닫혔던 마음의 문을 여는 귀한 열쇠가 됩니다. 우리가 먼저 내미는 따뜻한 손길은 이웃의 삭막한 정원에 주님의 선하신 뜻을 꽃피우는 거룩한 사역이 될 것입니다.

손끝 선교 Handcrafted Heart

그리스도의 사랑으로 덧입혀진 가드너님의 온기는 상처 입은 이웃의 마음을 싸매어주는 '하늘의 위로'가 됩니다. [부록 1]의 아이디어 중 주님의 향기를 담을 수 있는 활동을 선택해 보세요. 정성스러운 손길로 전해지는 그 선물이 사랑으로 온전히 매어지는 은혜의 통로가 될 것입니다. 주님의 대사로서 화평을 전하는 발걸음에 기쁨으로 참여해 보세요.

나의 묵상 정원

한 주간 내 정원을 돌보신 하나님의 세밀한 음성을 기록해 보세요.

가드너의 기도 Gardener's Prayer

우리를 삶의 예배자로 부르신 하나님, 그동안 교회 안에서의 신앙과 일상에서의 삶이 분리되어 살았음을 고백합니다. 내 마음 정원이 세상의 가치관으로 어지럽혀지지 않게 하시고 오직 주님의 선하시고 기뻐하시는 뜻으로 가득 채워 주소서. 세상의 유행을 따르기보다 주님이 설계하신 내 정원만의 고유한 아름다움을 피워내게 하시며 오늘 내가 마주하는 사람들과 상황 속에서 주님의 향기를 전하는 '거룩한 산 제물'로 살게 하옵소서. 아멘.

제10주

내 마음 정원에 피어난 은혜의 축제

[성경 본문] 시편 126:1~6

"눈물을 흘리며 씨를 뿌리는 자는 기쁨으로 거두리로다 울며 씨를 뿌리러 나가는 자는 반드시 기쁨으로 그 곡식 단을 가지고 돌아오리로다" (시편 126:5~6)

"울며 씨를 뿌리러 나가는 자는 반드시 기쁨으로
그 곡식 단을 가지고 돌아오리로다" (시편 126:6)

___

지난 10주는 우리 마음의 토양을 일구고 하늘의 씨앗을 심으며 기다려온 거룩한 인내의 계절이었습니다. 때로는 미움의 돌덩이를 치우느라 고단했고 용서와 헌신이라는 낯선 씨앗을 심으며 눈물짓기도 했습니다. 하지만 주님은 그 눈물을 기억하셨고 오늘 우리 마음 정원에는 세상이 줄 수 없는 평강과 소망의 꽃들이 활짝 피어났습니다.

이번 여정의 마지막은 그동안 가꾸어온 정원의 결실을 함께 나누는 '가든 파티'입니다. 기쁨의 노래는 혼자 부를 때보다 함께 부를 때 더 큰 울림이 됩니다. 내 정원에 피어난 꽃 한 송이, 소박한 열매 하나에 담긴 주님의 은혜를 이웃과 나누며, 우리를 이 아름다운 여정으로 부르신 주님께 최고의 찬사를 올려드리는 시간입니다.

가든 파티는 끝이 아닌 새로운 시작을 약속하는 축제입니다. 정성껏 일군 정원의 향기가 담장 너머 소망의 씨앗이 됩니다. 10주의 산책으로 견고해진 가드너의 정체성을 마음에 품으십시오. 주님이 예비하신 참된 안식과 기쁨을 마음껏 누려보세요.

신실한 사랑이 가드너님의 정원을 지켜주셨음을 고백합니다. 감사의 향기가 가득한 축제의 마당으로 함께 나아갈 때, 주님의 은혜로 눈부시게 피어난 가드너님의 정원이 여기 있습니다.

자, 이제 이 마지막 축제의 산책을 시작해 볼까요?

은혜의 햇살

"햇살이
꽃을 피우듯
감사는
우리 마음 정원을
아름답게
가꿉니다."

한 주간
삶의 자리마다
비추었던
하나님의 은혜를
차곡차곡
담아보세요.

10주간
내 마음 정원에
함께하셨던
은혜에 감사하며
그 고백을
기록해 봅니다.

햇살이 머문 날　　.　　.

햇살이 머문 날　　.　　.

햇살이 머문 날　　.　　.

햇살이 머문 날　　.　　.

햇살이 머문 날　　.　　.

뿌리 내리기

말씀의 토양에
믿음의 뿌리를 내리는
시간입니다.

성경 본문을
깊이 있게 읽고
질문과 묵상을 통해
내 삶 속에
말씀의 뿌리를
더욱 깊이 내립니다.

마음 열기

다 함께 찬미가 648장
'육체를 위하여 심는 자'
또는 복음성가 '은혜-내가 누려왔
던 모든 것들이'를 부른 뒤
마음을 모아 기도로 시작합니다.

은혜의 햇살 나누기

지난 한 주간 뿐만 아니라
Vol. 1 과정을 통틀어
가장 기억에 남는
은혜의 순간을 돌아보며
짧게 나눕니다.

말씀에 머무르기

오늘의 본문
시편 126:1~6절 말씀을
다 같이 한 목소리로 읽습니다.
'눈물로 뿌린 씨'가
어떻게 '기쁨의 단'으로 바뀌었는지
마음의 고백을 담아 읽어보세요.

● 깊이 뿌리 내리기

주제 성구를 생각하며
다음 질문들을 통해 자신의 삶을
돌아보고 느낀 점을 나누어 봅니
다.

1 묵상

꿈꾸는 것 같은 회복

시인은 여호와께서 포로를 돌려보내실 때 우리가 '꿈꾸는 것 같았도다'라고
고백합니다(1절). 10주 전 내 마음의 정원은 어떤 상태였나요? 그리고 오늘,
주님은 내 정원에 어떤 '큰 일'을 행하셨는지(3절) 가만히 떠올려 봅시다.

2 나눔

내 마음 정원에 피어난 꽃

'진정한 나'를 찾기 시작했던 1주 차부터 '사명'을 깨달은 9주 차까지, 내 마
음 정원에서 가장 눈에 띄게 변한 꽃(성품의 변화, 치유된 상처, 기도의 습관
등)은 무엇인가요? 서로의 변화를 진심으로 축하하며 나누어 봅시다.

뿌리 내리기

- **깊이 뿌리 내리기**
  주제 성구를 생각하며
  다음 질문들을 통해 자신의 삶을
  돌아보고 느낀 점을 나누어 봅니
  다.

3 적용

내 마음의 정원에서 함께 가꾸는 정원으로

Vol. 1 과정을 수료하며 10주간 정성껏 가꾼 내 마음 정원의 울타리를 낮추고, 이제 그 향기를 담장 너머로 흘려보내려 합니다. 이어지는 여정(가정, 관계, 기도, 은사, 선교 등)을 기대하며, 가장 가까운 자리에서부터 믿음과 사랑을 가꾸어 나갈 '영적 가드너'로서의 다짐을 적어보세요. (가족에게 쉼터가 되어주기, 말씀과 치유의 경험을 가장 가까운 이에게 먼저 나누기 등)

말씀의 토양 Word's Foundation

"거룩한 사명을 받은 각 사람은 이런 질문을 해야 한다. '나는 감찰하시는 하나님의 눈을 어떻게 대할 것인가? 나의 마음은 더러움으로부터 정결하게 되었는가? 혹시라도 내 마음의 성전 뜰은 거룩함을 잃고 사고파는 자들로 가득하여 그리스도께서 거하실 수 없게 되었는가?'" (그리스도인 리더십 4)

세상의 잡다한 것들로 내 마음의 정원이 어지러워지지 않았는지 정직하게 살피며, 오늘 내 정원이 주님이 기꺼이 거하시는 향기로운 제단이 되게 하세요.

꽃 피우기

기도의 꽃이 피어나
하나님께 향기로운 제물로
올려지는 시간입니다.

매주 기도 훈련으로
하나님과 깊이 소통하며
균형 잡힌 기도 생활을
가꾸어 갑니다.

• 기도의 꽃 피우기

'산 제물' 서약

1. 자신의 삶 전체(시간, 재능, 물질 등)를 하나님께 드린다는 내용의 '산 제물 서약서'를 작성합니다. [부록2]

2. 이 세대를 본받지 않고 하나님의 선하신 뜻을 분별하며 살기를 다짐하며 서약서를 가슴에 품고 나를 온전히 주님께 드리는 헌신 기도를 합니다.

3. 서로의 사명을 응원하며 헌신된 삶을 살 수 있도록 그룹으로 나누어 중보기도를 나눕니다.

기도의 화원 Prayer Garden

"너희 몸을 하나님이 기뻐하시는 거룩한 산 제물로 드리라" (롬 12:1)
기도는 내 정원의 울타리를 낮추고, 삶의 모든 순간을 하나님의 제단 위에 정갈하게 올려드리는 헌신의 시간입니다. 세상의 화려한 유행에 마음을 빼앗기지 않고, 오직 주님의 선하신 뜻을 따라 내 삶을 가꾸기로 다짐해 보세요. 오늘 가슴에 품은 서약의 고백이 향기로운 제물이 되어, 가드너님의 일상마다 주님이 기뻐하시는 사명의 꽃이 활짝 피어나길 소망합니다.

열매 나누기

각자의 재료가 모여
풍성한 식탁을 이루는
연합의 시간입니다.

함께 식사하며
삶의 열매를 나누고
공동체의
따뜻한 온기를 누립니다.

• 풍성한 열매 나누기

정원 식탁

가드너의 정원에서 정성껏 길러낸 싱싱한 재료들이 모여 은혜로운 성찬이 차려집니다. 이 식탁은 우리 삶을 산 제물로 드리는 가장 아름답고 구체적인 '생활 예배의 현장'입니다.

준비해 오신 정성스러운 재료들 속에 담긴 주님의 돌보심과 사랑의 이야기들을 식탁 위에 정갈하게 차려내 보세요.

우리가 주님의 자비하심 안에서 함께 맛보고 즐기는 이 시간은 사명의 길을 걷는 가드너들에게 하늘의 위로를 더해주는 가장 따뜻한 식탁이 될 것입니다.

식탁의 교제 The Fellowship Table

각자의 정원에서 수확한 생명의 열매들을 나누며 주님 안에서 하나 되는 풍성한 연합의 기쁨을 누려보세요. 이 시간은 나를 향한 하나님의 설계도를 따라 살아온 가드너들이 서로의 존재를 귀히 여기며, 함께 걷는 사명의 길 위에서 누리는 거룩한 안식의 자리입니다. 정갈한 식탁 위에서 사랑으로 온전하게 매어지는 기쁨을 나누며, 우리 공동체가 주님의 향기로 가득 채워지는 은혜를 경험해 보세요.

온기 전하기

정원에서 맺은
열매와 온기를
이웃에게 전합니다.

정성 어린 손길로
세상에서 가장
포근한 위로를
빚습니다.

• 손끝으로 전하는 사랑

이 주의 활동 |

주님께 삶을 산 제물로 드린 가드너님은 이제 세상을 향해 그리스도의 향기를 내뿜는 '소망의 대사'입니다. 나를 부르신 주님의 설계도를 따라, 정성껏 준비한 나눔의 선물을 이웃에게 전해 보세요.

손끝으로 빚은 작은 정성은 세상의 유행에 지친 마음을 위로하고, 닫혔던 마음의 문을 여는 귀한 열쇠가 됩니다. 우리가 먼저 내미는 따뜻한 손길은 이웃의 삭막한 정원에 주님의 선하신 뜻을 꽃피우는 거룩한 사역이 될 것입니다.

손끝 선교 Handcrafted Heart

그리스도의 사랑으로 덧입혀진 가드너님의 온기는 상처 입은 이웃의 마음을 싸매어주는 '하늘의 위로'가 됩니다. [부록 1]의 아이디어 중 주님의 향기를 담을 수 있는 활동을 선택해 보세요. 정성스러운 손길로 전해지는 그 선물이 사랑으로 온전히 매어지는 은혜의 통로가 될 것입니다. 주님의 대사로서 화평을 전하는 발걸음에 기쁨으로 참여해 보세요.

나의 묵상 정원

한 주간 내 정원을 돌보신 하나님의 세밀한 음성을 기록해 보세요.

가드너의 기도 Gardener's Prayer

우리를 삶의 예배자로 부르신 하나님, 그동안 교회 안에서의 신앙과 일상에서의 삶이 분리되어 살았음을 고백합니다. 내 마음 정원이 세상의 가치관으로 어지럽혀지지 않게 하시고 오직 주님의 선하시고 기뻐하시는 뜻으로 가득 채워 주소서. 세상의 유행을 따르기보다 주님이 설계하신 내 정원만의 고유한 아름다움을 피워내게 하시며 오늘 내가 마주하는 사람들과 상황 속에서 주님의 향기를 전하는 '거룩한 산 제물'로 살게 하옵소서. 아멘.

마더 가드너 리더스 가이드

Mother Gardener: Leader's Guide

가드너들이 꽃피울 수 있도록
길을 내어 주는
마더 가드너를 위한 안내

정원을 가꾸는 당신의 손길을 축복하며

"마더가든은
누구나
시작할 수 있고,
어디서든
꽃피울 수
있습니다."

누구나 진행자가 될 수 있습니다

- 특별한 훈련을 받은 전문가나 탁월한 리더가 없어도
  누구나 모임을 시작할 수 있도록 설계되었습니다.
- 교재의 흐름을 따라가는 것만으로도 충분히 은혜로
  운 나눔이 가능합니다.
- 진행자는 가르치는 사람이 아니라 함께 마음을 나누
  는 '정원지기'임을 기억해 주세요.

마더가드너

MOTHER GARDENER

기록의 힘, '은혜의 햇살' 페이지를 활용하세요

- 이 교재는 단순한 텍스트를 넘어 실제 [가든다이어리]
  로 사용하도록 설계되었습니다.
- '은혜의 햇살' 페이지에 매일의 감사와 개인 기도 노트
  를 꾸준히 기록하도록 안내하세요.
- 일주일간 하나님과 동행하며 남긴 기록은 다음 모임의
  나눔을 더욱 풍성하고 깊이 있게 만듭니다.

이 가이드는 모임을 이끄는 마더가드너들이 '마더가든'의 핵심 가치를 이해하고

인원과 장소에 제한이 없습니다

- 마더가든은 개인 묵상집으로 활용할 수 있을 뿐만 아니라 2명 이상의 소규모부터 대규모 모임까지 모두 가능합니다.
- 전체 인원이 많을 경우, 4~6명씩 소그룹(꽃밭)으로 나누어 관리하면 더욱 깊이 있는 소통을 나눌 수 있습니다.[부록5]
- 교회, 가정, 카페 등 장소에 구애받지 않고 어디서든 마더가든의 여정을 시작해 보세요.

리더스가이드

LEADER'S GUIDE

교재의 핵심 가치 실현: 말씀 연구와 가드너의 사명

- 마더가든 모임은 함께 모여 '가드너(Gardener)'로서의 사명을 다시 확인하고 결단하는 소중한 시간입니다.
- 총 6개 볼륨, 각 10주간의 여정으로 구성된 커리큘럼을 통해 체계적인 영적 성장을 돕습니다.
- 매주 주어지는 정원 순환 단계에 따라 말씀을 묵상하고 하나님 나라의 정원인 나와 가족, 교회와 이웃을 가꾸는 청지기 정신을 배웁니다.
- 멤버들이 일상의 삶 속에서 진정한 가드너로 살아갈 수 있도록 따뜻하게 격려하며 이끌어 주세요.

소그룹을 더욱 풍성하고 따뜻하게 운영할 수 있도록 돕기 위해 작성되었습니다.

리더 사전 숙지 및 안내 가이드

- 마더가든 여정 | 마더가든 커리큘럼과 10주간의 산책 경로 | 목차를 리더가 먼저 숙지하여 전체적인 흐름을 안내하세요.
- 정원 가꾸기 프로세스 | 소그룹의 핵심인 정원 순환 4단계를 멤버들이 체득하도록 가이드합니다.
- 가드너의 약속을 함께 읽고 서로의 다름을 존중하고 사랑으로 하나되게 이끌어 주세요. 준비된 리더가 풍성한 나눔을 만듭니다.

마 더 가 드 너
MOTHER
GARDENER

정원 돌봄 일지

- 기도가 필요한 이웃을 '식물'로 입양하듯 이름을 지어보세요. 한 달간 집중적으로 돌보거나, 석 달 동안 깊이 있게 마음의 정원에 심고 꾸준히 중보할 수 있습니다.
- 돌봄주기를 정하고 매일의 기도와 식물의 필요를 체크하며 영적 정원을 가꾸는 청지기의 성실함을 연습하도록 격려합니다.
- NOTE 칸에는 구도자의 필요, 기도 제목, 그리고 돌봄 과정에서 경험한 은혜를 짧게 기록하도록 안내하세요.

이 가이드는 모임을 이끄는 마더가드너들이 '마더가든'의 핵심 가치를 이해하고

가드너의 정원 일지

- 본인을 대표하는 식물 이미지나 사진을 부착하며 가드너로
  서의 정체성을 시각화하도록 돕습니다.
- 모임의 시작에 아이콘을 색칠하며 본인의 영적 컨디션을 솔
  직하게 점검하도록 안내하세요.
- 이번 계절에 하나님께서 나에게 기대하는 열매를 구체적으
  로 적어 시각화하게 독려합니다.

리 더 스 가 이 드

LEADER'S
GUIDE

마더 가드너 꽃밭 기록장

- 모임 인원이 많아질 경우 4~6명씩 소그룹으로 나누고, 우리만의 예쁜 '꽃밭 이
  름'을 정해 소속감을 높여주세요. 꽃밭 이름과 마더 가드너 이름을 기록하고
  함께 정원을 가꿀 가드너(멤버)들의 이름을 소중히 적어 넣습니다.
- 출석 표시는 아래 칸부터 위로 채워 올라가세요. 모임이 거듭될수록 식물이 하
  늘을 향해 자라나듯 우리 공동체의 성장을 시각적으로 확인할 수 있습니다.
- 기도(Prayer) 페이지 | 각 가드너의 이름과 그들의 고유한 '새싹의 특징'을 적
  고, 간절한 '기도의 물주기' 내용을 기록하며 중보의 꽃을 피워내세요.

소그룹을 더욱 풍성하고 따뜻하게 운영할 수 있도록 돕기 위해 작성되었습니다.

정원 순환단계 1 | 말씀으로 깊어지는 나눔 '뿌리 내리기'

- 마음 열기 | 조용히 함께 부르는 찬양의 가사를 통해 마음의 밭을 일굽니다.
- 은혜의 햇살 나누기 | 한 주간의 은혜의 기록을 공유하고, 가드너들을 위해 경청의 꽃 피우기, 비밀의 울타리 치기 등의 가드너의 약속을 상기시킵니다.
- 묵상과 적용 | 말씀을 깊이 있게 묵상하도록 2차례 이상 함께 읽어도 좋습니다. 질문을 통해 말씀이 가드너의 삶에 어떻게 뿌리 내릴지 구체적인 적용점을 찾는데 조력합니다.

정원 순환단계 3 | '열매 나누기' 모두가 주인공이 되는 식탁

- 서로의 마음을 여는 따뜻한 식탁을 마련하세요. 함께 음식을 나누는 시간은 공동체의 원리를 경험하는 가장 소중한 순간입니다.
- 가든 재료를 활용한 월남쌈이나 브런치 등 형편에 맞춰 메뉴를 선택해 보세요. 소박한 다과나 티타임도 좋습니다. 핵심은 '함께 나누는 기쁨'입니다.
- 무리 없는 준비로 모임의 지속성을 돕습니다. 각자의 형편에 맞게 부담되지 않는 선에서 정성껏 준비하도록 가이드하세요.

이 가이드는 모임을 이끄는 마더가드너들이 '마더가든'의 핵심 가치를 이해하고

정원 순환단계 2 | 기도의 지경을 넓히는 훈련 '꽃 피우기'

- 더 깊은 기도의 꽃을 피우는 시간입니다. 매일 반복되는 짧은 기도를 넘어 하나님과 더 깊이 대면하는 기도의 시간을 갖도록 안내하세요.
- 다양한 기도 활동을 차근차근 실천하세요. 매주 제공되는 기도 활동을 리더가 먼저 숙지하고, 멤버들이 하나씩 실천하며 기도의 근력을 키우며 하나님께 향기로운 제사를 드리도록 이끕니다.
- 매 주 모든 순환 단계를 마친 후, 마지막 페이지의 '가드너의 기도'를 읽으며 받은 은혜를 갈무리하고 삶으로 나아가도록 안내하세요.

리더스가이드

LEADER'S
GUIDE

정원 순환단계 4 | 손끝으로 전하는 사랑 '온기 전하기'

- 이웃 사랑을 실천하는 통로가 되어주세요. 이 주의 활동을 기록하고, 추천 활동 리스트를 참고하며 '선교와 사랑'이라는 본래 목적을 자주 상기시켜 주세요.[부록1]
- 세대 간의 지혜가 흐르는 통합의 장을 만듭니다. 어르신은 기술을 나누고 젊은 세대는 존경을 배우는 세대 통합의 시간이 되도록 이끕니다.
- 기도로 마무리하여 '손끝사역'의 의미를 더하세요. 결과물을 가운데 두고 함께 기도하며, 생명을 품은 씨앗으로 진정한 사역이 되길 기도 합니다.

소그룹을 더욱 풍성하고 따뜻하게 운영할 수 있도록 돕기 위해 작성되었습니다.

주님과 나,
단둘이 거니는 은혜의 산책

개인 경건 묵상집 활용 가이드

Personal Devotional Practice Guide

정원을 가꾸는 당신의 손길을 축복하며

“마더가든은
나만의 정원에서
하나님과
대면하는 소중한
통로입니다."

홀로 걷는 10주간의 산책 | 커리큘럼

- 여정의 이해 | 총 6개 볼륨은 각 10주간의 체계적인 과정을 통해 개인의 영적 성장을 지속적으로 돕습니다.
- 기록의 축적 | 매일의 묵상을 가든 다이어리에 기록하세요. 손끝으로 남긴 고백은 훗날 주님과 함께한 소중한 영적 자산이 됩니다.

개 인 경 건 묵 상 집
PERSONAL DEVOTIONAL

개인 정원 가꾸기 프로세스 | 정원 순환 1, 2단계

정원은 매 주 네 가지 순환 단계를 통해 더욱 풍성하고 아름답게 가꾸어집니다.

- Step 1. 뿌리 내리기 | 찬양으로 마음의 밭을 일구고, 말씀을 깊게 읽으며 나에게 주시는 구체적인 적용점을 찾습니다. 묵상 중 머무는 마음의 조각들을 틈틈이 기록으로 남겨 보세요. 손끝으로 옮겨진 고백들이 더 깊은 뿌리가 되어줄 것입니다.
- Step 2. 꽃 피우기 | 제공되는 다양한 기도 활동을 통해 기도의 근력을 키우며 하나님과 더 깊이 대면하는 연습을 합니다.

“이 가이드는 가드너가 나만의 정원에서 '마더가든'의 가치를 온전히 누리며

마더가든 6개의 여정을 확인하세요

- '가든 다이어리'는 총 6권의 시리즈로 구성되어 60주간의 영적 성장을 돕습니다.
- 1권부터 6권까지 각 권이 담고 있는 고유한 영적 테마를 한눈에 확인하고 기도로 한 걸음씩 나아가세요.
- 볼륨별 핵심 테마
  Vol. 1 나|치유와 회복 Vol. 2 가족|연합과 양육 Vol. 3 공동체|교제와 기쁨
  Vol. 4 기도|간구와 응답 Vol. 5 은사|발견과 섬김 Vol. 6 파송|사랑과 선교

활 용 가 이 드
PRACTICE GUIDE

개인 정원 가꾸기 프로세스 | 정원 순환 3, 4단계

정원은 매 주 네 가지 순환 단계를 통해 더욱 풍성하고 아름답게 가꾸어집니다.

- Step 3. 열매 나누기 | 가벼운 티타임이나 나를 위한 소박한 식탁을 마련해 보세요. 핵심은 '함께 나누는 기쁨'을 나 자신과도 누리는 것입니다.
- Step 4. 온기 전하기 | '손끝 사역' 활동을 통해 이웃 사랑을 실천하세요. 작지만 정성껏 준비한 결과물을 두고 기도하며 복음의 씨앗을 심습니다.

일상의 경건 생활을 은혜롭게 가꾸어 갈 수 있도록 돕기 위해 작성되었습니다.

가드너의 정원 일지

- 정체성 시각화 | 본인을 대표하는 식물을 그리거나 사진을 부착해 주님의 가드너로서의 정체성을 시각화합니다.
- 마음 정원 진단 | 묵상을 시작하기 전, 현재 나의 영적 상태를 대면하며 솔직하게 아이콘을 색칠해 보세요. 정원을 가꾸는 가드너로서의 나의 마음가짐을 기록해 봅니다.

개 인 경 건 묵 상 집
PERSONAL DEVOTIONAL

감사의 힘, '은혜의 햇살' 페이지를 활용하세요

- 가든 다이어리 | 이 교재는 단순한 텍스트를 넘어 주님과 함께 써 내려가는 실제적인 영적 다이어리가 되도록 설계 되었습니다.
- 매일의 기록 | '은혜의 햇살' 페이지에 그날의 감사 제목과 개인적인 기도 고백을 꾸준히 남겨 보세요.
- 동행의 흔적 | 하나님과 동행하며 정성껏 남긴 감사의 기록은 내 영혼을 더욱 풍성하고 깊이 있게 가꾸어 주는 소중한 자산이 됩니다.

이 가이드는 가드너가 나만의 정원에서 '마더가든'의 가치를 온전히 누리며

정원 돌봄 일지

- 중보의 식물 입양 | 기도가 필요한 이웃을 '식물'로 입양하듯 이름을 짓고, 꾸준히 중보하며 마음의 정원에 심으세요.
- 세 명의 이웃을 한 달씩 정성껏 돌보거나, 한 명의 이웃을 위해 석 달 동안 깊이 있게 마음의 정원에 심고 중보할 수 있습니다.
- 청지기의 성실함 | 돌봄주기를 체크하며, 보이지 않는 곳에서 생명을 돌보시는 하나님의 성실함을 닮아가는 훈련을 합니다.

활 용 가 이 드
PRACTICE
GUIDE

가드너의 성실한 약속

- 청지기의 마음 | 정원의 식물을 돌보듯 매일 정해진 시간에 주님을 만날 것을 스스로와 약속합니다.
- 완주의 기쁨 | 10주의 과정을 성실히 마친 후, 스스로에게 주는 작은 보상과 함께 다음 여정으로 나아갈 용기를 얻으세요.

일상의 경건 생활을 은혜롭게 가꾸어 갈 수 있도록 돕기 위해 작성되었습니다.

손끝으로 전하는 사랑

마더가든 추천 활동 리스트

마더가든 소그룹 모임의 마지막 시간은 함께 손을 움직이며
사랑을 빚는 시간입니다. 만든 결과물은 교회 내 어르신, 환우,
지역사회 이웃에 전달하여 복음의 통로로 사용해 보세요.

1. [뜨개질] 따스한 온기, 무릎 담요 (Granny Square)

- 내용: 각자 작은 사각형(모티브)을 하나씩 뜨고, 이를 이어 붙여 하나의 큰
  담요를 만듭니다.
- 용도: 예배당 의자가 차가운 겨울, 교회 어르신들의 무릎을 덮어드리는 용도
  로 선물합니다.
- 팁: 초보자는 기본 뜨기만, 숙련자는 문양을 넣어 조화를 이룹니다.

2. [뜨개질] 복음을 담은 한 줄, 십자가 키링

- 내용: 코바늘을 이용해 작은 십자가 모양을 뜨고 키링 고리를 연결합니다.
- 용도: 새가족 환영 선물이나 전도용품으로 활용합니다.
- 팁: 가방이나 성경책 파우치에 달기 좋아 젊은 세대에게도 인기 있는 아이템
  입니다.

---

3. [재봉] 평안한 쉼, 성가대/어르신용 등 쿠션

- 내용: 부드러운 천에 솜을 채워 교회 의자 규격에 맞는 쿠션을 만듭니다.
- 용도: 장시간 앉아 계시는 어르신들이나 성가대원들의 허리 지지용으로 비치합니다.
- 팁: 지퍼형으로 만들어 세탁이 용이하게 제작하면 더욱 실용적입니다.

4. [재봉] 제로 웨이스트, 면 생리대 & 주머니

- 내용: 무형광 면직물을 재단하여 면 생리대와 보관 주머니를 만듭니다.
- 용도: 해외 선교지의 여성들이나 지역사회 취약계층 청소녀들에게 전달합니다.
- 팁: 재봉틀팀과 손바느질팀(마무리)으로 역할을 나누어 진행하세요.

5. [비즈] 잃어버리지 않는 마음, 안경/마스크 스트랩

- 내용: 예쁜 비즈를 낚싯줄에 꿰어 안경이나 마스크를 걸 수 있는 줄을 만듭니다.
- 용도: 시력이 약해 안경을 자주 썼다 벗었다 하는 어르신들께 선물합니다.
- 팁: 알이 너무 작지 않은 비즈를 선택해야 어르신들이 직접 참여하시기 좋습니다.

---

6. [천연살림] 정성 가득, 천연 비누/방향제

- 내용: 녹여붓기(MP) 방식으로 천연 에센셜 오일을 넣은 비누나 석고 방향제를 만듭니다.
- 용도: 교회 화장실에 비치하거나 명절에 교회 미화/관리 집사님들께 감사의 마음으로 전달합니다.
- 팁: 교회 로고나 '마더가든' 스탬프를 찍어 소속감을 더합니다.

7. [종이공예] 말씀이 머무는 곳, 캘리그라피 책갈피

- 내용: 두꺼운 종이에 성경 구절을 적고 드라이 플라워로 장식합니다.
- 용도: 성경 읽기를 시작하는 성도들에게 격려의 의미로 나눕니다.
- 팁: 글씨에 자신 없는 분들은 예쁜 글씨 스티커나 스탬프를 활용하게 합니다.

8. [음식나눔] 사랑의 수제 청/차 세트

- 내용: 제철 과일(레몬, 생강 등)을 손질하여 설탕에 재워 수제 청을 만듭니다.
- 용도: 추운 겨울 야외에서 주차 봉사를 하시는 집사님들께 따뜻한 차로 대접합니다.
- 팁: 예쁜 병에 담아 모임의 이름을 라벨링하면 정성이 돋보입니다.

산 제물 서약서

다음 항목에 동의하며 서약합니다.

---

1. 나는 나의 정원(삶) 전체를 주님께 드립니다.

주님께서 나에게 맡겨주신 귀한 정원(나의 시간, 재능, 물질 등 삶의 모든 영역)을 정직하고 성실하게 가꾸겠습니다.

2. 나는 말씀과 기도로 온전히 헌신하겠습니다.

매일 말씀의 씨앗을 심고 기도의 물을 주어 나의 정원이 하나님께 향기로운 제물로 올려지도록 온전히 헌신합니다.

3. 나는 하나님의 선하신 뜻을 분별하며 가꾸겠습니다.

이 세상의 가치관을 따르지 않고 오직 하나님의 선하시고 온전하신 뜻을 분별하여 그분의 방법으로 정원을 가꾸기를 다짐합니다.

4. 나는 서로의 정원을 위해 동역하며 기도하겠습니다.

다른 가드너들의 사명을 응원하며 서로의 정원이 아름답게 가꿔질 수 있도록 중보기도로 동역하겠습니다.

년 월 일

서약자 | (서명)

내 마음의 정원 | 제9주 기도활동 자료 '산 제물 서약서' 입니다.

가드너 일지

완주를 축하하며

이 름 |

기 간 |

하나님께서 이 정원에서 하신 일

말씀, 기도 중 받은 마음, 위로, 깨달음 등

내가 이 계절에 심은 기도의 씨앗

가정, 일터, 교회, 나 자신을 위해 등

하나님께서 돌보게 하신 나의 정원

관계, 사명, 마음의 영역 등

"주 하나님이 그 사람을 이끌어 에덴 동산에 두어
그것을 경작하며 지키게 하시고" (창세기 2:15)

내 마음의 정원 | 제10주 기도활동 자료 '가드너 일지' 입니다.

숨: 뜰 | 가드너의 초대

레이디스 나잇 Ladies' Night

확장되는 은혜, 깊어지는 사명: 가든(Garden) 넓히기

가드너의 사명은 내 가정의 울타리에만 머물지 않습니다.
일터에서의 땀방울도, 이웃을 향한 작은 미소도 모두
하나님의 정원을 가꾸는 거룩한 손길입니다.

마더가든 프로그램을 시작하기 전 또는 중 후반부에
'레이디스 나잇 | 숨: 뜰'을 개최해
모든 여성들이 우리 삶의 가든을 넓히고
함께 동역하는 가드너의 기쁨을 누리세요.

레이디스 나잇을 통해
여성선교회 회원으로서의 소속감을 높이고,
'정원사(Gardener)'라는 테마를 통해 가정과 교회, 이웃을 돌보는
가드너의 사명을 일깨울 수 있습니다.

마더가든 | 레이디스 나잇 1차시 예시 입니다.

1. 행사 컨셉

"우리는 하나님의 정원을 가꾸는 가드너입니다"

'숨: 뜰'은 '숨을 고르는 정원(뜰)'이라는 뜻으로
주중 모임이 어려운 워킹맘과 직장인 여성들이 일상의 분주함을 내려놓고 잠시 쉬어 갈 수 있도록 마련된 자리입니다.

이 모임은 여성선교회 활동에 참여하지 못했던 이들에게
"당신은 이미 삶의 자리에서 하나님의 정원을 가꾸는 소중한 가드너입니다"
라는 정체성을 다시 확인하게 합니다.

가드너가 잠시 호미를 내려놓고 숨을 고르듯, 우리는 하나님의 임재 안에서 쉼과 회복을 누리고 성령의 숨으로 새 힘을 얻어 다시 삶의 현장으로 나아갑니다.

'숨: 뜰'은 바쁜 일상 속에서도 하나님과 깊이 연결되어, 그분의 정원을 더욱 아름답게 가꾸도록 돕는 작은 쉼의 정원입니다.

2. 프로그램 순서 (토요일 오후 4:00 ~ 7:00 / 약 3시간)

[1부: 뿌리 내리기 - 환영과 연결] (40분)

- 웰컴 드링크 & 포토존: 초록 식물로 꾸며진 입구에서 사진 촬영 (가드너의 앞치마나 모자 소품 활용).
- 아이스브레이킹 '나의 정원 소개하기': 현재 내 삶의 정원(가정, 직장)에서 가장 예쁘게 피어난 꽃(기쁨)과 잡초(고민) 하나씩 나누기.

[2부: 가지 치기 - 말씀과 쉼] (40분)

- 미니 세미나/메시지: "여성, 세상의 가드너로 부름받다" (요한복음 20:15 - 부활하신 주님을 동산지기로 오해했던 마리아의 사건을 중심으로)
- 가드너의 기도: 일터에서의 스트레스를 내려놓고, 가정이 회복되기를 구하는 합심 기도 시간.

[3부: 꽃 피우기 - 가드너의 식탁] (50분)

- 메뉴 제안: '팜 투 테이블(Farm to Table)' 컨셉의 신선하고 고급스러운 뷔페나 코스 요리.
  - 메인: 샐러드 파스타나 추억의 쟁반 정식 등
  - 포인트: 식탁 중앙에 '식용 꽃'이나 '허브'를 활용한 데코레이션으로 정원 느낌 극대화.
- 교제: 식사 도중 회원들이 준비한 영상 편지(환영과 응원) 상영.

[4부: 향기 전하기 - 가드너의 활동] (50분)

- 나만의 미니 정원 만들기: 테라리움이나 반려식물 화분 만들기. 이 화분은 집으로 가져가 '기도의 장소'로 삼도록 권유.
- 온기 나눔(Mission): 이웃에게 전할 '가드너의 기프트 박스' 만들기. (간단한 수제 쿠키, 차, 축복 메시지 카드를 담아 이웃에게 전달하기로 약속).

레이디스 나잇 | 숨: 뜰 의 주요 메시지

- 나를 위한 가드너: 말씀의 씨앗을 내 마음 밭에 심기.
- 가정을 위한 가드너: 사랑과 인내로 가족이라는 나무를 돌보기.
- 교회와 이웃을 위한 가드너: 기도의 향기로 공동체의 담장을 넘어가기.

실전 팁

- 드레스 코드: '그린(Green)' 포인트 혹은 '플라워 패턴'으로 통일감을 주면 사진도 예쁘게 나오고 소속감이 커집니다.
- 기념품: '가든 다이어리'와 예쁜 씨앗 패키지를 증정하여 일상에서도 선교회원임을 기억하게 합니다.

이 프로그램은 소그룹 시작 전에 개최하여 참여자들에게 깊은 동기를 부여하거나, 과정 중간에 소중한 지인을 초대하는 친구 초청 프로그램으로 활용하기에도 매우 좋습니다. 특히 모임 회원들이 직접 '섬김이'가 되어, 평소 시간을 내기 어려웠던 워킹맘과 이웃을 정성껏 대접하는 구조로 진행될 때 가장 큰 감동과 은혜가 있습니다.

마더가드너 꽃밭 기록장

Mother Gardener's Journal

오직 주님의 은혜로
풍성히 자라게 하소서. (고전 3:7)

꽃밭 이름 |

마더가드너 |

10				
9				
8				
7				
6				
5				
4				
3				
2				
1				
가드너이름				

소중한 꽃들의 이름을 담고 위로 차오르는 가드너들의 성장을 기도로 가꾸어 보세요.

마더가드너 꽃밭 기록장

A Heartfelt Prayer for Our Little Sprout

소중한 새싹, 하나

가드너 이름 |

새싹의 특징

돌봄의 물주기

소중한 새싹, 둘

가드너 이름 |

새싹의 특징

돌봄의 물주기

소중한 새싹, 셋

가드너 이름 |

새싹의 특징

돌봄의 물주기

소중한 새싹, 넷

가드너 이름 |

새싹의 특징

돌봄의 물주기

소중한 새싹, 다섯

가드너 이름 |

새싹의 특징

돌봄의 물주기

소중한 새싹, 여섯

가드너 이름 |

새싹의 특징

돌봄의 물주기

가드너님 정원의 꽃들을 정성껏 보살피는 돌봄 카드로 활용해 보세요.

"너는 물 댄 동산 같겠고"

(이사야 58:11)